AF567300

Ethel Scheffler, Sylke Tannhäuser

SO ISSER, DOR SAGGSE!

Geschichten auf Sächsisch

1. Auflage 2018

Illustrationen: Niko Mönkemeyer
Satz: Christiane Zay, Potsdam
Druck: Druckerei Zimmermann Druck + Verlag GmbH, Balve
Buchbinderische Verarbeitung: Buchbinderei S. R. Büge, Celle

D-34281 Gudensberg-Gleichen, Im Wiesental 1
Telefon: +49-(0) 56 03 - 9 30 50
www.wartberg-verlag.de
ISBN 978-3-8313-2882-6

Inhaldsforrzeichnis

Vorwort

Sie glauben, der sächsische Slang ist der schlimmste aller deutschen Dialekte? Weit gefehlt. Er ist ein Sammelsurium quer durch das Land. Im Sächsischen haben sich Eigenheiten verschiedener Mundarten zusammengefunden, nicht zuletzt dank Luther, der auf seinen Reisen viele davon kennengelernt und aufgegriffen hat. Heraus kam die Sprache der Reichen und Schönen, das beste Deutsch, das es seinerzeit gegeben hat. Es war das Vorbild des heutigen Hochdeutschs gewissermaßen und der Grund, warum der junge Goethe von seinen Eltern ausgerechnet nach Leipzig geschickt wurde. Mit dem Siebenjährigen Krieg war es damit allerdings vorbei. Geblieben ist der Klang der Heimat, der etwas Warmes und Gemütliches hat. Eines muss man jedoch wissen: Das typische Sächsisch ist eine Illusion, es existiert nämlich nicht. Stattdessen gibt es eine Vielzahl von Dialekten – in jeder Ecke einen anderen. Der melodische Singsang der Dresdner unterscheidet sich vom weichen Zungenschlag der Leipziger, der in Chemnitz wiederum ganz anders klingt. Nur echte Sachsen können die Feinheiten erkennen. Versuchen sich Auswärtige an hiesigen Redewendungen, führt das zu sonderbaren Blüten. Und so ist es kein Wunder, wenn hierzulande um den Erhalt der Sprache gekämpft wird. So isser ehmd, dorr Saggse – treu un nich underzugriechn.
Lernen Sie diesen Menschenschlag mit all seinen Schwächen und Stärken kennen. Sie werden ihn lieben. Das finden jedenfalls die Autorinnen Ethel Scheffler und Sylke Tannhäuser.

Das Messemännel muss mid

„Forrgiss mir bloß nich, das Messemännchen mid in den Gardon zu baggn“, sahchde Ingeborg zu ihrer Enggelin.

„Mensch, das alde Ding mussde doch nich ins bedreude Wohnen midnehmen“, endgeechnede Lisa. „Du weeßd, in dorr Eeraumbude gibds gaum Bladz für de vielen Waasn, Gläser un Sammeldassn.“

„Egal, dann lass ewas andorres weg. Dieses gleene Männel bedeuded mir viel.“

Se schdandn zwischen all den Umzugsgardons, un Lisa leechde Schdügg für Schdügg aus Ingeborgs Lähm in de Gissden.

„Gomm, wir machn ma änne Bause.“ De Fimfunsibbzschjährsche sedzde sich offs Sofa, das demnächsd offm Müll wandorrn würde. Es war zu groß un zu wuchdsch für ihr neues Zuhause.

Lisa ließ sich nähm se blumbsn. „Nun saache ma, warum du an diesem gleenen Ding midm runden Gummigobb im blauen Anzug so fesdehäldsd.“

Mid daddricher Hand schdrich sich Ingeborg über de grauen Haare un dachde an forrgangne Zeiden. „Ohne dieses Ding, wie dus nennsd, wärn fiellei dei Oba un ich nich zusammgegomm.“

„Ach ja? Das hasde noch nie erzähld.“

„Eechndlich wars ganz lusdsch. Aworr mir war damals nich zum Lachn.“ Ingeborg mussde lächeln. „Ich hadde mich in dein Oba offn erschden Bligg forrguggd. Nur schien er das nich zu bemergn. Mei Godd, ich habbe alles forrsuchd. Ich druhch schigge Gleidorr mid diefn Ausschniddn un hadde schwarze, lange Haare. Ich war ungligglich forrliebd, wie morr so sahchd.“

„Mensch Oma, das wussdsch nich.“ Lisa drüggde ihre Hand.

„Das ging ä Jahr so. Immer, wenn ich ihn in dorr Bedriebsgandine zum Frühschdügg odorr Middahch sah, forrsuchde ich, mich

in seine Nähe zu sedzn odorr ärchndäwie off mich offmergsam zu machn. Nischd bassierde." De ehemalsche Forrgäuferin des Coddbusser Gonsumgoofhauses seufzde. Se erzählde, dass se schon fasd de Hoffnung offgegähm hadde. Aworr ännes Dahches, es war dorr 23. Juni 1968, gabs änne Bedriebsforrsammlung. Ihre heimliche Liebe, Horschd Gleemann, der als Bedriebshandwerger arbeedede, saß ä baar Blädze weider am Disch. Off dieser Forrsammlung wurde ihre damalsche Bedriebsleiderin forrabschieded. Zu diesem Zwegge hadde Ingeborg ä gleenes Abschiedsgeschengg midgebrachd, ä Messemännel. Ihre Chefin wollde damals nach Leibzsch umziehn. Da fand Ingeborg das Männel ganz bassend. Als de Golleechn nach dorr Forrabschiedungsrede offschdandn un gladschdn, schbrang ooch Ingeborg off. Beim Sedzn jedoch dachde se nich mehr ans Geschengg, dasse hinder sich offn Schduhl geleechd hadde. Ihr Hindern zerdrüggde den rundn Gummigobb. De Folge war ä Geräusch, als hädde se gebuhbsd. Alle drehdn sich zu ihr um.
Lisa gicherde laud, un Ingeborg fuhr offgereechd ford: „Ich muss rohd wie änne Domahde geworden sein. Nadierlich bliggde mich ooch Horschd an, zum erschden Mal. Ich schnellde widdorr nach oben un zeichde alln, wie zur Endschuldschung, das Messemännel. Dorr Gummigobb zog widdorr Lufd un de offgemalde Fissahsche griende, als wäre nischd geschehn. Nur de gleene Feife war under mein Gewichde forrboochn. Nunmehr lachdn alle. Aworr ich hädde damals im Boden forrsinggen gönn." Das war änne Ehwichgeid her. Heude gonnde de Rendnerin drübber schmunzeln. Lisa umarmde ihre Oma.
„Horschd grüßde mich nu ganz freindlich, wenner mich sah un luhd mich wenche Dahche schbähder ins Gieno ein. Ja, un von da an ..." Ihre Oochen glänzdn feuchd. Das ganze Lähm hadde se mid ihm forrbrachd, bisser dann vor zwee Jahrn an ännem Herzinfargd geschdorbn war.

Lisa schdand off, nahm ä bissl Seidenbabbier un wiggelde das Messemännel behudsam ein. Ingeborg freude sich. Se war wie viele Saggsen: Se hield an dem fesd, was se liebde un dähde so ä Erinnerungsschdügge nie hergähm.

Ethel Scheffler

Nummer 1374

Wie Godd se erschaffn hadde, bosierde Moniga vorm Schbieschl, ders Schlafzimmer dominierde. Wärs nach ihr gegangn, dorr Schbieschl hädde nie änne Schangse gehabd. Doch nach ihr gings schon lange nich mehr, genau genomm seid zwee Jahrn. Damals hadde Jörg begonn, an ihr rumzunörchln.

„Mei gleenes Blusderbäggchen", hadde er gesaachd, zunächsd noch liebevoll. Schbähder gahm Hängewummel, Schdambfbeenchen un Waggelginn dazu, un als er gässdorrn Ahmd was gemurmeld hadde, das wie *Fudderfass* glang, wars Maß des Ärdrächlichn erreichd.

„Du forrledzd mich", hadde Moniga geschluchzd un ännen forrwundorrden Bligg geernded. Geene Schbur von Zergnirschung, sodass se nur noch lauder gefeenzd hadde.

Jörg war wüdend gewordn. „Flenn is alles, wasde gannsd. Gugge dich an! Fedd bisde gewordn."

Dorr Sadz hadde genüchd, um ihr Eescho zu zerwammsn. Gegränggd war se offs unbegwehme Gannabeh im Wohnzimmer umgezoochn, un am Mohrchn hadde se gedahn, als ob se Jörg nich hörn dähde. Jäddse schdand se seid änner Ehwischgeid vor diesm forrdimmichdn Schbieschl rum. Weeß dorr Geier, warum se sich das andahd. Bis heide hadde se sich nich digge gefundn, allenfalls bummlich.

Je länger se sich musderde, umso diefer saggdn ihre Guschewinggl. Zwischen Dallche un Schambeen wölbde sich

änne Wambe, schwabblich un eindeudsch zu groß. Dazu de Schbeggwülsde offn Hüfden. Morr mussde schon blind sein, um die zu übersehn. Ä Griff beschdädschde ihre Befärchdung. Ä Gielo, mindesdens.
Se beguhdachdede ihrn Busen. Er hadde ihr immer gefalln. Ooch Jörg war zuweiln reechelrechd forrnarrd in de zwee schdrammen Bälle gewesn. Früher, dänn jäddse warnse wedorr schdramm noch rund. Moniga schluggde. Warum mussde ausgerechned bei ihr de Erdanziehungsgrafd derard ungligglich wirgn? Ihre Hand wandorrde zum Oberschenggel. Orangschenhaud, was sonsd. Se drehde sich um un forrrengde den Hals. Hinden sahs nich besser aus.
Gewaldsam riss se sich von ihrm Schbieschlbild los un marschierde in de Güche. Se brauchde unbedingd ä gräfdsches Frühschdügg. Se hadde ähm schdarge Gnochen, na und? Nur deshalb wog se mehr als früher.
Nachm Frühschdügg übergam se wie gewohnd dorr Abbedied off Zugger un se bländorrde das Schranggfach, in dem se de Süßiggeeden forrschdeggd hield. Während se an äm Schoggoladenmürbchen gnabberde, blädderde se in dorr Dahcheszeidung un schdudierde beiläufsch de Beganndschafdsannongsen. Ä Ridual aus dorr Zeid vor ihrer Ehe. Änne digg umrandede Anzeiche weggde ihre Offmergsamgeid.
Attraktiver Dreißigjähriger sucht Weibchen für die Annehmlichkeiten des Lebens. Bildung nicht nötig, Hauptsache, du bist schlank.
Emböhrung wallde in ihr off. Dumm durfde änne Frau also sein, nur nich digge. Welcher bornierder Eiergobb hadde sich das bloß ausgedachd? Blödzlich warse neugiersch.

Zwee Schdunden schbähder marschierde se forschen Schridds de Färbergasse lang, booch in den Badorrgraben, ignorierde dabfer den vielforrschbrechendn Dufd, der ihr ausm dorrd geleechnen Risdorande in de Nase groch, un erreichde den

Margd. Se ließ den Ringelnadzbrunnen lings liegn un schdeuerde zielschdrebsch off de Anzeichenagendur Alfons Schrubb zu. De Dierglogge schebberde un loggde ännen Mann middleren Alders ausm Närchndäwo herbei. Moniga dibbde, es müsse sich um Herrn Schrubb handeln. Ä Bligg offs Namensschild am Rewähr seines Schaggedds beschdädichde ihre Forrmuhdung. Herr Schrubb war überaus beflissn. „Was gannsch für Se duhn, meine Dame?“

Se gonnde sich nich erinnern, wann morr se das ledzde Mal als Dame bediddeld hadde, un lächelde geschmeicheld.

„Ich inderessiere mich für änne Annongse.“

„Hochzeidsanzeichen, Danggsahchungen, Forrgohfsangebode, Drauerfälle – was darfs denne sein?“

Moniga endfaldede das midgebrachde Worschdbladd un gnaubelde an dorr Er-suchd-Sie-Schbalde rum. „Schiffre 1374. Den muss ich gennlern.“

„Geschdaddn Se mir den Hinweis, aworr ich gloobe, Se sind nich sein Dühb.“

„Ach?“

„De Geschmägger sind forrschiedn. Ich zum Beischbiel mags griffsch. 1374 hingeechn bevorzuhchd Hungerhahgn. 90-60-90, wenn Se forrschdehn, was ich meene.“

Moniga forrschdand nur zu guhd. „Dühb odorr nich, ich will ihn.“

„Sahchen Se schbähder nich, ich hädde se nich gewarnd. Middwochs un freidahchs hold er seine Bosd. Briefe gönn Se bis dahin bei mir debeniern.“

„Ich dachde an ä bersönliches Dreffen.“ Moniga war enddäuschd. Se beschloss, schdärgere Geschüdze offzufahrn un beuchde sich über de Dehge. Wärme breidede sich in ihrm Innern aus, als se gewahrde, dass Schrubbs Bligg an ihrem Deggolldee hafdn blieb. „Wie wärs mid seiner Adresse?“

„Es is unmöchlich.“

Abrubbd richdede sich Moniga off. Dorr schmerzliche Ausdrugg in Schrubbs Oochen berührde se un blödzlich schämde se sich. Schließlich machde dorr Mann bloß seine Arbeed. „Hädden Se fiellei Schreibzeuch für mich?“

Wordlos schob ihr Schrubb Blogg un Schdiffd sowie ännen Umschlach zu.

An dem gleenen Disch am Fensder begann se: *Lieber Fremder.* Dorr Anfang glang guhd, aworr wie weider? Grübelnd gaude se offm Guhchelschreiber rum un schdarrde durch de Scheibe nach draußen zum Brunnen.

„Brauchn Se Hilfe?“, brachde sich Schrubb in Erinnerung un ihr än Gaffee mid Sahnehäubchen exdra-groß.

„Um Goddes willen, ich muss abnehmn.“ Moniga begann, de Sahne zu löffeln. Se schmeggde vorzüchlich, scheen sieße un fedd. Genauso, wie ses mochde.

Änne Gundin bedrahd das Geschäfd, un Schrubb ließ Moniga alleene.

Dorr Gaffee beflühchelde se. Vielleichd laachs ooch an dorr Sahne. Zugger hadde schon immer änne enorme Wirgung off se gehabd. Off ämah schbrangn de Worde wie von selbsd offs Babbier. Mid ännem schwungvolln *Marylin* underzeichnede se de Zeiln, dann lehnde se sich endschbannd zurügg.

Schrubb forrschdaude den Brief im Fach 1374, wo schon andorre offn Emfänger wardeden. Ärchndäwie gam er Moniga dabei erneud draurich vor.

Se schüddelde de Emfindung ab un forrlor geene Zeid. Wie änne Fregadde under vollen Seecheln rauschde se in de Schdaddbibliodehg. Ihr Ziel war de Egge, in der sich Gesundheidsradgeber nähm medizinicher Lidderadur schdahbeldn. Weniche Minuhden droff gahm se bebaggd mid Biechern widdorr hervor. Zu Hause gnieddschde se sich mid änner Schachdel Bralihn in ihrn Lieblingssessel un begann zu schmöhchern. Bald schwirrde ihr dorr Gobb.

Ädgihns bevorzuhchde Eiweiß, Schdrunz dahds ihm nach un forrlangde außerdem ausgedehndes Loofn. Mondinjagg war wencher schdrenge, er beschränggde sei Forrbohd off schlechde Gohlenhydrahde. Nischd von allem glang dadsächlich forrheißend. Moniga äugde zu den Bralihn un endschied sich für Nuhgadd, ehe se weiderlas. De Gohlsubbendiähd überflooch se schnell. Se hassde Gohl. De Gardoffeldiähd – zu viele Gardoffeln. Ihr dämmerde, dass de Qual nur mid änner Menge Algohol zu erdrahchn wäre, doch ooch der war forrdammd. Schrodh sah wenschdens Weißwein vor, machde den Vordeil jedoch mid droggnen Breedchn zunichde. De Margerdsche Dringgfasdenguhr geschdand ihr nich ämah diese zu.
Moniga beschloss, sich ä ordendliches Menüh zu gönn, un brudzelde ä digges Schdigge Fleesch, gegröhnd von zwee Scheiben Edamer. Dobbelrahm nadierlich, Magerschdufe gahm ihr nich in de Buhde. Frisch gesäddichd fühlde se sich gräfdsch genuhch, de Geheimnisse weiderer Diähden zu erforschn. Drenggosd un Volumediggs, Glüggs und Brigidde, Weehd Wodchers und Holliewuhd – geene sahchde ihr zu. Je mehr se sich hineinforrdiefde, umso größer wurde ihr Widorrwilln. De Erfindorr dorr Abnehmguhren mussden widdorrgeborne Foldergnechde sein. Sollde se dadsächlich off de liebgewonnen Gaumfreiden forrzichdn? Niemals! Zudem gings bei näherer Bedrachdung nich nur um sie, ooch de Lähmsmiddelbrangsche dähde leidn müssn. Weeßgnäbbchn, niemand gonnde von ihr forrlangn, ihren Lieblingsbägger odorr Fleescher Grummel im Schdich zu lassn. Die bauhdn schließlich off Gunden wie sie.
Um überhaubdewas zu undernehm, endschied se sich für mendahles Schlanggheidsdrähning. Zwar heechde se Zweifel am Erfolsch, doch dorr Rasgehborr sah anschbrechend aus, un de Anwendung war eenfach. Mannibuliere dei Underbewussdsein, un du nimmsd ab. Im Übrichen wars das eenzsche Brogramm, das Essen in jedorr Form zuließ.

Widdorr schebberde de Glogge, als se am Middwoch de Schrubbsche Anzeichenannahme bedrahd. Schrubbs Oochen leuchdeden off. „Wie scheen, Se zu sehn.“
„Is Bosd von Schiffre 1374 da?“
Oochenbligglich brach Schrubbs Leuchdn in sich zusamm. Sichdlich zöhchernd reichde er ihr än Brief. Moniga schnubberde dran. Er roch ärchndäwie forrdraud. 1374 un sie schwammen off dorrselben Wellenlänge. Daheeme risse den Umschlahch off. Offgerehschd überflooch se de Zeilen. Am Ende fand se sein Namen. Marg. Se ließ ihn off dorr Zunge zergehn. Marg Schiller, wie boehdisch. Schade, dasser geen Bild beigelehschd hadde. Aworr was nich is, gann noch währn. Muss sogar, dänn allmählich gefiel se sich in dorr Rolle dorr fremdflirdendn Frau. Langsam las se den Brief nochämah. Aus jedem Word schbrach forrzweifelde Sehnsuchd. Liebe, Zärdlichgeid, Forrdraun waren Fremdwörder in seiner jedzschen Beziehung, wie er schrieb. Se forrschdand ihn nur zu guhd. Beflüscheld sedzde se änne Andword off un überlehchde, ob se nach ännem Dreffen frahchn sollde, doch dann underließ se es. Ihr Underbewussdsein war noch nich in Form. De angeschdrebden 90-60-90 hadde se zwar offzuweisn, allerdings an den falschn Schdellen. Marg wäre enddäuschd un dorr Gondaggd fudsch.

„Hammse edwa abgenomm“, wurde se von Schrubb begrüßd, als se am nächsden Mohrchn ihren Andwordzeddel zur Agenduhr brachde.
„Meinen Se?“
„Leidorr.“
„Nich doch, ich bin übergligglich.“
„Warum duhn Se sich das bloß an?“ Schrubb guggde angglahchend. Ihm schien änne Idee zu gomm, dänn er grahmde im Regal un fördorrde ännen Diähdrieschl zu Dahche. „Gosden Se.“

Moniga schdreifde de Hülle ab un biss nei. Es schmeggde wie Babbe.

„Finden Se das edwa deligahd?“, frahchde Schrubb.

Se mümmelde an dorr Masse, de schdadd gleener immer größer zu währn schien, un niggde angeschdrengd. Nur geene Blöße gähm. Ooch Schrubb war ä Mann, der wollde se bloß um den Finger wiggeln. Obwohl er eechndlich nich übel aussah. Gräfdsche Figur, breide Schuldern, glahrer Bligg. Sümbadsch, doch das mussde se ihm nich glei forraden. Se würschde den Bissen nunder, forrschluggde sich un husdede. Schrubb dädschelde ihr hilfsbereid den Rüggen. Seine Berührung ließ se wohlich erschauern, so dass se länger als nödsch husdede. Schbähder wussde se nich mehr, wie se ausem Laden gegomm war. Nur an Schrubbs sehnsüchdschen Bligg, an den erinnerde se sich allzu guhd. Er machde se hungrich.

Heeme begab se sich schnurschdraggs in de Güche un sedsde än Schoggoladenbudding an. Von Schoggolade grischd morr Biggel, meldede sich ihr Underbewussdsein zahchhafd, um gleidroff in de hinderschde Hirnwindung gegiggd zu währn. Moniga hadde Bessres vor. Ob Marg Schiller wohl genauso scheene Oochen hadde wie dorr Schrubb? Gedanggenforrsunggen mehrde se im Dobbe rum. Se gosdede, eema, zweema un mergde gar nich, dass se nach und nach den ganzn Budding verschnabbulierde. So sehr schbuhgden de Männer in ihrm Gobbe durchnandorr. Jörg war off ämah zum unwichdichsden Menschen in ihrm Lähm gewordn. Als er am Ahmd heeme gahm, erwardede ihn zum erschden Mal in ihrer Ehe geen warmes Essen.

„Wasn los?“, frahchde er mid hörbarm Missmuhd in dorr Schdimme.

„Ich will abnehm.“

„Lächerlich!“

Das hadde gesessn. Jörg forrschboddede se also. Eens hadde er mid seiner Bemehrgung jedoch erreichd: Blödzlich hadde se unbändschen Abbedied off Gleeße mid Rohdgohl, un weil das nu ämah ohne Fleisch geen gombleddes Mahl hergab, dauhde se sogleich den für Sonndahch reservierdn Schweinebrahdn off un zauberde dazu änne herrlich sämische Dungge zum Diddschn.

Zwee Dahche schbähder lehnde se erneud mid Bralihn un ännem weideren Brief des unwidorrschdehlichn Marg Schillers in ihrm Sessel. Schrubb hadde seldsam frahchend geguggd, als er ihr den Brief übergähm hadde. Se hadde es dabfer ignorierd. Immerhin war se weechn 1374 underweechs, dorr Anzeichenforrgäufer hadde ihr schnubbe zu sein, ooch wenn se de wie zufällsch anmuhdende Berührung seiner Hand gerne länger geduldeded hädde.

Voller Ungeduld riss se den Umschlahch off. Ä Bild fiel ihr endgeechn un ließ se nach Lufd schnabbn. Das durfde nich wahr sein, ausgerechned Jörg, ihr eichner Mann! Wühdend überflooch se seine Zeilen. *35, unglücklich gebunden.*

Dieser Luhmisch!

Vier Bralihn waren nödsch, dadorrmidd se sich einichermaßn beruhischn un nachdenggn gonnde. Dorr Schufdd sollde ihr nich so leichd davongomm.

„Se gehn gewaldsch ran“, bemergde Schrubb bedrühbd, als se ihn an diesem Dahch ä zweedes Mal beehrde.

Moniga schob än Brief übern Dreesn. „1374 is ä ganz besondorres Exemblar. So eenen darf morr nich wardn lassn.“

„Soll ich Se anrufn, wenner gommd?“

„Der is wohl ofd da?“

„Ä Schdammgunde.“

„Was Se nich sahchn.“ Moniga wanggde, un Schrubb schbrang hinzu, um se zu schdüdzn. Se schbürde seine Hand an ihrer Hüffde un begahm änne Gänsehaud.

„Forrgessen Se ihn", bahd Schrubb. „Se ham Bessres forrdiend." Aworr schon hadde sich Moniga widdorr gefangen. „Ich liebe Herausfordorrungen." Un wennsch midm ferdsch bin, wird sich dorr Misdgerl wünschn, mich nie genggelernd zu ham, sedzde se in Gedanggen hinzu. Wer weeß, wie viele Frauen schon off Jörgs Masche reingefalln warn. Dadorrmidd mussde Schluss sein.

Zwee Wochen droff hadde se elf Briefe in dorr Hand. Jörg war ä fleißscher Schreiberling. Se hadde gar nich gewussd, dasser Briefe mochde. Aworr bislang hadde se ja ooch geenen blassn Schimmer davon gehabd, dasser Sonnenundergänge, Geigengonzerde und Frühschdügg im Bädde liebde. Odorr Seecheldörns und Modorradreisn, Dreggingduhrn und Schiwandorrungn. Seine Fandasie war grenzenlos. Er schwärmde von Abendeuern, die er nie erläbd hadde, un Reisen in Ländorr, die er nur ausem Fernsehn gannde.

Heude wollde er sich mid ihr dreffn. Fissblich diecherde se zwischen Wohnungsdiere un Güchenfensder rum, zwanzch Schridde hin, zwanzch zurügg. Je länger se rumdammberde, umso fidzscher wurde se. Zur Ablenggung löffelde se ä Buddermilchdessähr, de erhoffde Wirgung blieb jedoch aus. Im Geechendeil, jäddse fladderden ihre Nerven wie diebedahnsche Gebehdsfahn. Se brauchde unbedingd Schdärgung un endschied sich für ä Schdüggchen Schwarzwäldorr Girschdorde. Als se den Löffel zur Gusche führde, zidderde ihre Hand. Ä schlechdes Zeichen. Se forrdonnerde ihr Underbewussdsein zu schdriggdem Schweichn un beschdellde sich beim Bizzasörwiss änne Famielschenbizza mid dobbeld viel Gähse. Danach wurde se endlich ruhicher. Sorgfäldsch gleidede se sich an. Das Finale wardede. Zeid, um in den Griesch zu ziehn.

Jörg hadde sich mid ihr am Brunnen offm Margdbladz forrabreded. Bungd 23.00 Uhr. Wahrscheinlich dachder, s muss zabbnduhsdor sein für ä Schäferschdündchen.

Er wardede bereids. Moniga regisdrierde den dunglen Anzuch und de Nelge im Gnobbloch, die als heller Flegg off seim Rewähr leuchdede. Wie abgedroschen, dachde se gifdsch un ging off ihn zu. Er ergannde se erschd, als se ihn fasd erreichd hadde.
„Du?“
Dämlicher hädder nich frahchn gönn. Er sah schließlich, dass sie es war.
„Wie gonndesd du mich derard hindergehn?“, herrschde se ihn an. „Binsch dir gar nischd wehrd?“
„Wovon sabbelsde ieworrhaubd?“
Se zerrde seine Briefe aus dorr Dasche. „Hier un hier un hier.“ Ähn nachn andorrn warf se ihm in de Fissahsche. Alle elf Schdügg.
Mid erhobnen Händen wehrde er se ab. „Jäddse reichds mir ändgilldch.“
„Dir?“, zischde se beese. „Un was is mid mir? Ich habbe de Nase geschdrichn voll von dir. So doll bisde nu wirglich nich, erschd rechd nich im Bädde.“

Dadorrmidd hadde se änn wunden Bungd berührd. Jörg hadde Schwierichgeidn, gurz gesaachd, er begahm Geenen hoch.
„Halde de Gusche“, fauchde er. „Wehe, du erzählsd es iewerall rum.“
Das also war sei innichsder Wunsch. Niemand sollde erfahrn, wie es um ihn schdand. Schade, diesn Gefalln gonnde se ihm wirglich nich duhn.
Dorr nedde Herr Schrubb bedrieb nich nur än Laden, sondorrn forröffendliche regelmäßsch Ardiggl in dorr Sonndahchszeidung. Meisdens handeldn se von beganndn Wurzner Bührchern. In dorr nächsden Ausgabe jedoch würde was über Jörg schdehn. Se mussde nur noch Schrubb fürs Dehma begeisdern, doch das dähde ihr gewiss nich schwerfalln.

Wenig schbähder saß se bei Schrubb in dorr guhden Schdube, vor sich än Deller mid frisch gemachdn Wurschdbroden. Während se Bämmchen für Bämmchen forschbachdelde, brachs aus ihr naus: „Nummer 1374 is ä Schwein. Vor dehm sollde morr de Fraun warnen. Öffendlich, nadierlich. In den Medjen zum Beischbiel."
Schrubb niggde, dädschelde ihrn Arm un holde Nachschub aus dorr Güche. „Blaubeermaffins, vorhin erschd gebaggn."
„Ich werde viel zu digge, wenn ich das alles esse."
„Im Geechendeil, nischd gehd über änne wohlgeformde Figuhr. Jedorr weeß, dass in Saggsen de scheensden Mädchen wachsen."
Zufriedn lächelde Moniga. Wie guhd, dass se endlich än Mann gedroffen hadde, der se forrschdand.

Sylke Tannhäuser

Ooch, wenn Lüchn gurze Beene ham

Wild fuchdelnd gahm Ina off Wiebge zugerannd. „Berlod, Berlod." Es mussde was Schlimmes bassierd sein.
„Beruhische dich doch erschd ämah", drängde Wiebge. Se schdanden off dorr Schdrahse, die zum Reiderhof Wiesenhain nahe Roßlau führde. Beede wolldn sich zum Ausridd dreffn.
Noch immer jabsde Ina nach Lufd. Se zeichde in Richdung Fährdeschdall. „Wir müssn den Arzd rufn." In abgehaggdn Sädzen erglärde de Fuffznjährsche, dass se ausreiden wollde. Als se im Schdall anggahm, lahch ihr Hengsd Berlod mid diggem Leib in seiner Boggs.
Wiebge begahm Gänsehaud: „Warum hasde nich glei vom Reiderhof aus Dr. Remmler angerufn?"

„Er is nich in seiner Braggsis. Geener war da.“ Ina schluchzde. Ihre Freindin überlehchde änne Segunde un bliggde sich um. Blödzlich riss se än Arm hoch un schdobbde de soähm um de Egge biechende Daggse. Schnell drängde se Ina offn Rüggsidz. „Habder überhaubd Geld zum Bezahln?“ Dorr Fahrer beäugde beede missdrauisch.
Couraschierd andwordede Wiebge: „Mei Name is Wiebge Sommer. Meine Mudder is Anwäldin, un wenn Se uns nich soford zu Dr. Herndel in dorr Schdünzerschdraße fahrn, dann begomm se änne Anzeiche weechn underlassner Hilfeleisdung.“
Ina begriff soford, schluhch de Hände vors Gesichde un beugde sich grambfardch, als hädde se Schmerzen. Dorr Daggsiefahrer gab Gas. Wahrscheinlich wollder de Frachd schnell widdorr loswährn, un es war ja nich weid.
Änne halbe Schdunde schbähder schdanden de Mädchen mid Dr. Herndel in dorr Boggs von Berlod. Wiebge hadde dem erschdaund dreinbliggenden Hausarzd forrschwiechn, dass ihr Freind vier Beene hadde un es sich bei den angeblichn aguhden Blind-

darmschmerzen ännes Badsienden forrmudlich um änne schwere Gohlig bei ihrm Fährd handelde. Doch dorr Arzd gonnde helfen, ooch wenn er nur ä Allgemeinmediziner war.
Ina schdreichelde erleichderd Berlod un sahchde zu ihrer Freindin: „So beschdimmend genne ich dich gar nich. Un wie du den Daggsiefahrer un den Arzd angeloochn hasd …“
„Ja, du warsd forrheuld, un Berlod brauchde Hilfe. Was sollde ich machn? Es warn ja nur gleene Nodlüchn.“
Nadierlich war Wiebge wahrheidsliebnd, doch das war hier änne Nodsiduadsion gewesn. Ihr hadde schnell was einfalln müssn, un einfalln duhd ännem Saggsen immer was.

Ethel Scheffler

Waschn, föhn, leechn

Luise Bellmann bedrahd das Frisörschdudio *Hähr Modehrn*, das früher *Salong Marsell* geheißn hadde. An diesm Namen hield Luise beharrlich fesd, obwohl nischt im Inneren des Ladens off ännen Marsell hinwies. Das haddes noch nie, aworr Salongs dieser Ard hießn in den Fuffzschern nuemma ofd Marsell odorr ooch Scharmand.
Seid ihrm erschden Besuch hield Luise diesem Salong de Dreue. Ihre ehemalsche Schdammfriseurin war längsd in Rende, de zweede hadde den Beruf gewechseld un de dridde – ihre derrzeidsche – war vor gurzem Oma gewordn un befand sich im Momend im Oorloob, um das neugeborne Fänghäbbchen beguhdachdn zu gönn. Doch das wussde Luise nich. Se war in dorr Gewissheid angedrehdn, dass se an diesem Dahch in de gefleechde Scheenheid forrwandeld währn dähde, die se sonsd immer darschdellde, wenn se frisch vom Friseur off de Schdrahse drahd.

Umso erschdaunder war se, als ihr von dorr Golleeschin am Embfang midgedeild wurde, dass Ilona nich zur Forrfüchung schdünde, se jedoch von ihrer Forrdredung frisierd währn gönne.

Saggsen sinn under andorrem für ihre Anbassungsfähchgeid begannd, also überleechde Luise nich lange un schdimmde zu.

Ausem hinderen Deil des Salongs doochde ä junges Mädchen off, führde se zu ännem Friserbladz un hieß se, sich zu sedzn.

„Hei, ich bin Nina. Was solls dänne währn?“

„Waschn, föhn, leechn – wie immer“, gab Luise zurügg.

„Hm.“ Nina lubbfde einiche Schdrähnchen von Luises Frisur un runzelde de Schdirn. „Das wird schwierich.“

„Wieso?“

„Se hamm dünnes Haar, ä bissl brüchich isses ähmfalls. Geene guhden Voraussedzungen, ums in Form zu bringn.“

„Deshalb habbch ja ooch änne Galdwelle, mei guhdes Gind.“

„Galdwelle? Die habbch noch nie frisierd. Ich bin noch in dorr Ausbildung.“

„Es wird schon glabbn“, meinde Luise. Wie Anbassungsfähchgeid, zähld ooch Zuforrsichd zu den guhden säggschen Eigenschafdn.

Luise beschloss, Nina under de Arme zu greifen. „Womid dähden Se jäddse beginnen?“

„Als erschdes wasche ich Ihnen den Gobb.“ Nina griff nach än Umhang un lehchde ihn Luise um de Schuldern.

„Wohl gaum“, erwidorrde Luise. „Das ledzde Mal, dass mir dorr Gobb gewaschen wurde, is lange her. Ich war gnabb färrzn und hadde Nachbars Girschen vom Boom schdibidzd. Se waschen mir das Haar, einforrschdandn?“

„Nadierlich, endschuldschen Se bidde.“ Ninas Gesischde hadde sich mid änner leichden Röhde überzoochn.

Luise folchde ihr zum Waschbeggen. Während Nina ihre Haare mid Wasser, Schammbuh, widdorr Wasser un noch mehr

Schammbuh maldrädierde, um es abschließend gründlich zu schbühln, schdarrde Luise an de Degge. Se forrsuchde, das Drüggen des Borzellanbeggens in ihrem Genigge zu ignoriern. Erleichderd ahdmede se off, als Nina endlich ä Hannduhch um ihre nassn Haare wiggelde un se zurügg an den Frisierbladz begleidede. Ä ledzdes Rubbeln, dann leechde Nina das Hannduhch beiseide, um mid ännem grobzingschn Gamm de forrfidzden Loggen zu glädden. Es ziebde gehörisch, un Luise griff nach Ninas Handgelengg.

„Langsam, mei Gind. Sonsd reißen Se mir noch de ledzden Haare aus."

„Vielleichd hilfd änne Schbülung odorr ä Schbree?" Ninas Schdimme glang forrzahchd.

„Nischt da, noch mehr Chemie möchdsch nich off meim Gobb ham. Beginnse an den Schbidzen un arbeeden Se sich allmählich zu den Wurzeln vor."

Nina dahd, wie ihr geheißn, un nach änner Weile hadde sich Luises Schbieschlbild von ännem Schdruwwelbehder in änne Olle mid schdreng nach hinden gegämmdem Schobbf forrwandeld. Wie fesdgedaggerd gladschden de grauen Haare an ihrm Gobb. Luise fand sich überhaubd nich scheen.

„Ich sehe blass aus", schdellde se fesd.

„Das machd de Farbe. Ä gräfdsches Rohd dähde Se ganz andorrs wirgen lassn. Viel jünger."

Jünger? Luise dachde an Gurd. Heude war ihr achzscher Geburdsdahch. Se wollde ihn im Gaffee Gandler feiern. Alle ihre Freindinnen dähden gomm. Un ooch Gurd, ihre Jugendliebe. Nach dorr Schulzeid hadden se sich ausn Oochen forrlorn, um sich ä halbes Lähm schbähder im Seniorendreff dorr Volgssolidaridähd widdorrzusehn. Gurd war immer noch ä doller Hechd. Als wärer erschd sächzch, allerhöchschdens sibbzch.

„Rohd is änne wundorrbare Idee", befand Luise. „Färben Se gedrohsd los."

„Das gehd bei uns nur mid Schemie“, gab Nina zu bedengen.
Luise wingde ab. „Wer scheen sein will, muss leiden.“
Änne dreivierdel Schdunde schbähder guggde ihr ausm Schbieschl änne Frau endgegen, die se an Buhmuggl denggen ließ. Dränen schdieschn ihr in de Oochen.
„Wissen Se was?“ Nina dädschelde unbeholfen ihre Schulder. „Ä guhder Schnidd dähde alles viel vordeilhafder machn. Eener, wie ihn de Juhchnd heudzudahche drähchd.“
Nina selbsd hadde diefschwarzes, langes Haar un sah aus wie Schneewiddschen.
De Juhchnd? Luise gonnde sich noch guhd dran erinnern. Unbeschwerd war se gewesn. Und muhdsch. Ohne zu zöchern hadde se Neues ausbrobierd.
„Also guhd, dann bringen Se mich in Form.“
„Sind Se sicher? Dann muss aworr ä bissel was von dorr Länge ab, zumindesd de Schbidzen.“
„Nur zu, ich überlasse alles Ihnen.“
Luise schloss de Oochen. De Schere glabberde un glabberde. Das Geräusch machde schläfrich. Ohnehin gings bereids off Zwelfe zu. Um diese Schdunde hield Luise, die in aller Herrgoddsfrühe offschdand un daher zeidsch zu Middahch aß, gewöhnlich ä Niggerchen.
„Ferdsch.“
Ninas Ruf holde se in de Währglichgeed zurügg, un se riss de Oochen off. Ä bissel was müsse schon ab, hadde das Mädchen gesahchd. Aworr ‚ä bissel‘ war reladief. Haare schneiden war anscheinend Ninas Leidenschafd, dänn se hadde weid mehr als nur de Schbidzen gegürzd.
Im erschden Momend wussde Luise nich, was se sahchn sollde.
„Ich föhne gurz durch, un dann wird geschdeild.“ Ninas Worde endhoben se jedorr Bemergung.
Das Durchföhnn dauerde dadsächlich nur wensche Minuden. Umso mehr Zeid forrwendede Nina off das anschließende

Zurrechdzubbn einzelner Schdrähnchn, die bald wie bei ännem Iechl in de Höhe schdandn.
„Das war's." Nina befreide se vom Umhang un wedelde de Haare weg, die sich off Luises Wangen forrirrd haddn. Dann schwengde se än Schbieschl, so dass sich Luise von allen Seiden beguhdachdn gonnde.
„Oh", war Luises ganze Rejagdsion.
„Se sehn doll aus." Nina führde se zur Gasse, wo ihr de Rechnung bräsendierd wurde. Neunundsächzch Euro.
Wehmüdsch dachde Luise an de Zeid, in der waschn, föhn, leechn noch 3,58 DDR-Marg gegosded hadde. Dännoch ließ se Nina ä Dringgeld zurügg. Schließlich mussde das junge Ding modiwierd währn, um ooch das Bearbeeden von Galdwellefrisurn zu lernn.

Drei Schdunden schbähder schdieß Luise de Diere zum Gaffee Gandler off. Gurd wardede bereids. Bei ihrem Anbligg schdander off un gahm ihr endgeechn.
„Luise?", frahchde er, als gönne er nich gloom, dass se es war.
„Ich weeß", begann se, „meine neue Frisur is ..."
„Wundorrvoll siehsde aus. Wie änne junge Frau", fiel er ihr ins Word.
Eechndlich hadde Luise sahchn wolln, dass Schnidd un Farbe wohl ä Missgriff warn, doch Gurds Begeisderung ließ se schweichn. Se folchde ihm an den Disch.
Gurz droff drafn ooch ihre Freindinnen ein. Rudh mid weißem Loggengobb, Gerlinde mid grauem Bubischnidd. Bis jäddse hadde sich Luise in ihrer Gegenward unscheinbar un farblos gefühld, ooch wenn es ihr nie was ausgemachd hadde. Angesichds von Rudhs un Gerlindes Gomblimennden blühde se reechelrechd off.
„Ich habbe das Besde aus meim Friseurbesuch gemachd", sahchde se forsch. „Wie es für echde Saggsen dühbich is. Wir nähms ähm, wies gommd."

Sylke Tannhäuser

Ordnung, Fleiß, Bedrahchn – schlechd

Lisa driffd gegen Middahch ein. Se ist dreizehn un unsre Brinzessin. Zumindesd wird se von Berd, meim Göddergaddn, so behandeld. Nach drei längsd erwachsnen Söhnen bringder sich für Lisa fasd um.

„Schule öded mich an“, döhnd de Brinzessin un faggd ihrn Ranzen mid än gegonnden Wurf in de Egge im Gorridor, wo gewöhnlich de Müllbeudel odorr Schirme abgeschdelld währn.

„Wie isses geloofn?“, will ich wissn, dänn heude war Lisas ledzder Schuldahch vorn Sommerferien. Also Zeuchnisausgabe.

Maulend bequemd se sich, ihr Zeuchnis aus dorr Schuldasche zu zerrn.

Zuerschd gugge ich off de Zensuren. Madde, Deudsch: guhd. Schbord sogar sehr guhd. De übrichn Fächer liechn ärchndäwo zwischen befriedichnd un ausreichend. In der Hinsichd gommd se ganz nach mir. Berd hingeechn war immer ä Einsenschreiber gewesn. Das hadder mir glei bei unserm erschden Deed erzähld, damals im Leibzscher Coffeboom, als ich ihm zuliebe den Bliemchengaffee in mich reingeschüdded habbe, obwohl mir änne Goola lieber gewesn wäre.

„Glasse, du wirsd forrsedzd“, sahche ich zu Lisa.

Dann fälld mei Bligg off de Gobbnoden. Ordnung, Fleiß, Bedrahchn: mangelhafd. Ich schnabbe nach Lufd, beschließe aworr, den Schogg erschd ämah mid mir selbsd auszuglamiesern, ehe ich dorr Brinzessin Vorwürfe mache, die ich fiellei schbähder bereun dähde.

Mangelhafd bedeuded schlechd, un ärchndäwie gann ich de Endscheidung des Lehrergollegiums nachvollziehn. Lisas Zimmer siehd aus, als wäre änne Bombe eingeschlahchn. Von Ordnung geene Schbur, aworr was bedeuded das schon? Gloobd morr Wigibedia gild Ordnung als Sordierung. Odorr als Zuschdand zielführendorr Abfolche. Was wem folchd, bleibd im Dusdern. Ich forrfalle ins Grübeln. Ordnung hängd davon ab, was morr sehn will. Da jedorr was Andorres wahrnimmd, isses gä Wundorr, dass de Vorschdellungn ausänandorrglaffn. De Brinzessin gann nischd dadorrfohr.

Aworr Fleiß? Eene dorr deudschen Duhchenden, die iewerall off dorr Weld geschädzd wird, soll Lisa abdräglich sein? Guhd, es forrgehd gä Dahch, an dem se nich meggerd, weil se den Abfalleimer leeren soll. Odorr abdroggnen. Odorr schdaubsaugn. Odorr Hausoffgabn machn. De Brinzessin hoggd lieber vorm Gombjudorr. Gegen mein Willen haddn ihr mei Göddergadde zum Geburdsdahch geschengd.

In meiner Gindheid gabs sowas nich. Wir hamm draußen geschbield, sinn über Zäune gegledderd un hamm gegen de Gindorr aus dorr Barallelschdrahse wahre Schlachdn ausgedrahchn. Wenn wir uns forrabreded hamm, brauchdn wir geene Enforrschdändniserglärung dorr Eldern. Wir gonndn ooch ohne dem badn gehn odorr offm Mauerresd am Friedhof balangsiern. Ahmds hamm wir Sandmännchen geguggd un am Wochenende Biddibladsch un Schnadderinchen. Mid dreizn habbch mein erschden Guss begomm. Von Dommie. Ohne Zunge, dänn das fand ich eglich.

Lisa is noch viel zu jung für Jungsgeschichden. Odorr irre ich mich da? Mir wird heiß un gald. Niemals, beruhiche ich mich dann. Mei Brinzesschen machd sowas nich.

Zurügg zum fehlendn Fleiß. Wenn Lisa ihrn Schulabschluss hadd, muss se sich für än Beruf endscheidn. Faulheid grenzd de

Wahl ziemlich ein. Immerhin gönnde se in den Schdaadsdiensd gehn odorr sich bei dorr Schdaddforwaldung dohrchworrschdln. Dorrd diggen de Uhren beganndlich andorrs. Das wussde schon Hugo Lichd, als er de Leibzscher Radhausglinggen mid Schneggen forrziern ließ. Dorr Mann hadde Humor. An änne Egge des Gebäudes hadder än Gämmerer aus Schdein meißeln lassn, das Maul weid offgerissn un barahd, den drunder hoggenden Bührcher zu forrschlingn. Für Lisas Eingomm wäre also gesorchd.

Das Mangelhafd bei Bedrahchn schbrichd jedoch dageechn. Hinder meiner Schdirn beginnds zu raddern. Wie diggd jemand, der sich nich zu benähm weeß? Fiellei isses längsd zu schbäd un wir hamm ä gleenes Monsder großgezoochn. Sowas gommd vor. De Biesder ergennd morr erschd, weil se sich schbähder in dorr Arbeedsweld als Bersonen endbubbn, denen de Bersonalabdeilung ä insgesamd zufriedenschdellendes Forrhalden bescheinichd. Off deudsch: Se sinn Scheiße.

„Was gibds zum Middahch", reißd Lisa mich aus mein drühben Gedanggen. Ich lehche de Gifdblädder aus dorr Hand.

„Eierguchn mid Abbelmus." Das is ihre Lieblingssbeise.

„Fein, Mama. Du bisd de Besde."

Lisa schdrahld mich an, un off ämah gibds nischd mehr, was ich an ihr ändorrn dähde. De Brinzessin is rundrum berfegd, egal, welche Zensuren se nach Hause bringd. Un fürn Fall, dass ihre Lehrer ewas an ihr auszusedzen hamm, werde ichs midem ledzden säggschen Gönich haldn, der bei seiner Abdanggung gesaachd hamm soll: „Dann machd doch euren Dregg alleene." Schließlich gibds ooch noch andorre Schulen, an denen de Brinzessin ihrn Abschluss machn gann.

Sylke Tannhäuser

De ledzde Schangse

Dorr dreinsibbzchjährsche Garl Begger freude sich off ä Wochenende mid seim Gussäng Rudolf Goch. Dieser Besuch aus Bremen forrschbrach dem Rendner Underhaldung. Er hadde änne Sofadegge bezogen un de Liesche in dem halben Zimmer seiner gleen Aldbauwohnung zum Bädde umfungdsionierd. Rudolf Goch wollde unbedingd das Fährderennen im Leibzscher Scheibenholz besuchn. Er weddede ofd, wenn änne Rennbahn in dorr Nähe war. Reich war er dabei nich geworden. Garl bezog nur änne magere Rende un schbarde sich mühsam jeden Oorloob zusamm. Drodzdem hadde er sich für den Fall dorr Fälle heude fuffzch Euro eingeschdeggd.

Bei herrlichem Sommerwedder liefn de beeden Männer von dorr Bisdorisschdrasse in Richdung Scheibenholz. Offm Weech an dorr Elsder endlang erglärde Rudolf seim Gasdgeber, wie das mid den Wedden fungdionierde. Wie off Siech un Bladz geweдded wird, un was Zweer- und Dreierwedden bedeudeden. Garl sahchde gä Word. Für ihn warn das böhmsche Dörfer. Nach änner Vierdelschdunde erreichdn se den Haubdeingang. Rudolf schbendierde den Eindridd. Bis zum erschden Rennen, 13.30 Uhr, haddense genüchnd Zeid, sich ä gühles Bier zu genehmschn.

Rudolf schien das alles zu beeindruggn: „Das ist je ein tolles Rennbahngebäude, die Türme – Klasse."

Garl niggde. „Früher sah hier alle forwidderd aus."

„Und fein angezogen sind die Besucher. Manche haben sogar Hüte auf, fast wie in Ascot."

„Ja, wir Saggsen wissen ooch, was sich gehörd." Garl lächelde Rudolf zu.

„Wo ist denn der Führring?", wollde Rudolf wissen. Er reggde sein Hals un guggde sich um.

„Da, dorrd loffen Fährde im Greis, Rudolf.“ Garl zeichde in de Midde dorr gegenüberliechendn Seide.
„Dann lass uns hingehen.“
Beide überquerdn de Loofschdregge. Änne wohlduende leichde Brise gahm off. Dorr Geruch nach Heu un Fährdemisd wehde von den naheliechendn Schdällen rüber. Rudolf sog de Lufd dief ein, als nähme er de Widderung off. Wenig schbähder schdanden se am Führring nahe den Weddschaldern. Garl beobachdede, wie gewichdich sich de Fährdebesidzer mid ausladendn Handbewegungen mid den Drehnern un Schoggees im Ring underhieldn. De Fährdebfleecher führdn de Schdudn un Hengsde wie bei änner Rasseschau am Halfder im Greis.
„Was siehsde nu?“ Garl gonnde nischt Weldbeweechendes enddeggn.
„Im Führring werden die Pferde für das jeweils nächste Rennen gezeigt. Da kannst du sehen, ob die Tiere in Form oder nervös sind.“ Rudolf war ganz in seim Ällemänd.
„Off welches Fährd willde dänne weddn?“ Garl zeichde off ännes, was ihm gefiel. „Off das braune dorrd?“
Rudolf guggde in sein Brogrammhefd und erglärde: „Das ist die Stute Helena. Die kannst du vergessen, die schwitzt ja jetzt schon.“ Er zeichde off de nassen Schdellen an dorr Flange nähm dem Saddel und den Schaum am Maul. „Wähle ein anderes.“
Garl schüddelde forrunsicherd den Gobb.
„Ich gehe schon mal an den Schalter.“ Rudolf lief los. Gaum, dass er widdorr zurügg war, endschloss sich Garl, off ä Fährd mid dorr Nummer siehm zu sedzen. Ruhisch un besonnen war es bis jäddse im Greis geloffn. Das gännde gewinnen. Dann ging es ooch schon los. De Schoggees schdanden eingezwängd mid ihrn Fährden in den Schdarderboggsen. De Züchl mussden se ganz gurzhaldn. Jäddse – das Schdardsignal. De Fährde schbrindeden in ademberaubendorr Geschwindichgeid aus dorr Enge dorr Boggsen. Dichd gedrängd galobbierden se

in den erschden Boochn un erreichden im Bulg de Gerade dorr Gegenseide. Im leichden Sidz driebn de Reider ihre Fährde zu Höchsdleisdungen an. Dann dorr ledzde Boochn, dorr Endschburd off dorr Zielgeraden. De Leude schrien. Jedorr feuerde „sei" Fährd an.

„Los, los, los", grölde ooch Rudolf un schmunzelde, als er gewann. „Viel bringt der Sieger nicht. Er war Favorit. Aber immerhin." Er globbde seim Gussäng off de Schulder. „Und du? Hattest du ebenfalls Glück?"

„Ich gloobe, ich habbe grade 5,00 Euro forrloren."

Rudolf schüddelde den Gobb. „Du hättest dir mit der Wahl mehr Zeit lassen sollen."

Garl wollde was erwidorrn, biss sich aworr off de Libbn. Gurz droff beobachdeden se de nächsden Schdarder. Vorsichdshalber weddede Garl de gommden Rennen nich. Rudolf dageechn bedeilichde sich immer mid gleenen Einsädzen. Er gewann mehr, als er forrlor. De Zeid forrging. Das ledzde Rennen wurde angegündichd. Beede guggden widdorr off de Fährde im Führungsring.

„Letzte Chance, Karl", schbornde Rudolf sein Forrwanden an. Dieser überleechde. „Guhd, ich forrsuche es noch ämah."

„Welches Pferd?"

„Ich nehme das schwarze." Garl zeichde off ännen wirglich brächdschen Hengsd mid schdolzer Gobbhaldung un Schweif, wie bei ännem Arabervollbluhd. „Er siehd fandasdsch aus. Schwidzd nich. Daroff habbch geachded. Zudem hadder än Namen, der nach Monedn glingd."

„Interessante Argumende." Rudolf wiegde den Gobb. „Obwohl er wirklich gut aussieht, hat Goldlack noch nie gut bei einem Rennen abgeschnitten. Fünfter auf schwerem Boden, das war sein bestes Ergebnis. Normalerweise wird er Letzter. Karl, lass es lieber."

„Schwerer Boden?"

„So nennt man es, wenn es geregnet hat und der Boden noch nicht abgetrocknet ist. Dann ist die Laufstrecke nass und schwer."

Garl fuhr überleechnd durch sänne gurzen grauen Haare. Blödzlich hadde er änne Filmszene vor Oochen. Ä fescher junger Reider offm sich offbäumenden schwarzn Ross. Mid harder Hand hield er es im Griff, während sei Bligg seine zuguggende Angebedede suchde. Nadierlich fiel ihm diese schbähder forrliebd in de Arme. Ihm hadde dorr Film sooo gefalln. Wie hießer dänne nur? In diesem Oochenbligg schridd Goldlagg an ihm vorbei, hob un sengde den Gobb, als wolle er ihm zuniggen. Garl guggde ihm diregd in de dunglen Oochen. Danach eilde er an den Weddschalder.

„Off Goldlagg, Nummer fimfe." Sei ganzes resdliches Geld schob er übern Dreesn.

Ooch Rudolf hadde gewedded. „Na Karl, hast du etwa doch auf Goldlack gesetzt? Dann kannst du dich schon mal von deinem Geld verabschieden. Du hättest es wie ich machen sollen. Nummer zwei, das ist ein Siegertyp."

Garl hield sei Billed fesde in dorr Hand un war geschbannd wie ä Flidzeboochn. Zum ledzden Mal schossen de Fährde wie Feile

ausn Schdarderboggsn. Garl hadde nur Oochen für Goldlagg, der allerdings als ledzder in den erschden Boochn un de anschließende Gerade ging.
„Hab ich es dir nicht gesagt? Schau, der Fuchs, meine Nummer zwei, ganz vorn dran.“ Rudolf wedelde mid seim Weddschein vor Garls Nase rum.
Garl hield sein eichnen Schein an de Brusd gebressd. Er sah aus, als dähde er beeden. Blödzlich ging ä Raunen durch de Menge. De Schdimme des Rennbahnschbrechers wurde immer lauder un überschluhch sich fasd. Goldlagg hadde zur Offholjahchd angesedzd. Meder um Meder gämbfde er sich voran un überholde ä Fährd nachm andorren. De Gurve gahm, dann de Zielgerade.
„Goldlagg, Goldlagg.“ De Zuschauer dobden un schrien durchnandorr.
Goldlagg lief außen, dadorrmidd hadde er ännen längeren Weg. Dähde es reichn? Garls Hände waren schweißnass. Er ließ geenen Bligg von dorr Bahn. De Hufe dorr Fährde schleudorrden Grasbadzen in de Höhe. De Schoggees sedzden de Beidschen ein un schdanden in den Schdeichbücheln. Nur noch wensche Meder. Goldlagg schien mid langgeschdreggdem Galobb zum Fluhch anzusedzen. Immer näher gahm er dem führenden Fährd, off ämah war er gleichoff. Fasd schien es, als wärn de beeden Diere eins, doch dann schob sich Goldlagg an dem Gechner vorbei. Ziellinie. Unforrmiddelde Schdille. Un dann gahm forreinzeld Beifall off, Garl war eener dorr erschdn, die jubelden. Mid änner Nasenlänge hadde Goldlagg gewonnen.
Garl schdrahlde un güssde immer widdorr sein Weddschein.
Rudolf sah forrdudzd aus. „Das hätte ich nicht gedacht. Das gibt es doch nicht. Du hast ja ein Schwein.“
Garl gonnde sein Gligg gaum fassn. Es war das erschde Mal, dasser was gewonnen hadde. Er guggde zu Goldlagg, der

zu den Schdällen geführd wurde. Was für ä Wahnsinnsfährd, dachde er, bevor es sein Bliggen endschwand. Übergligglich schdrich er de erschbielden Benunzen ein. De Gwohde war enorm. Ganze 8246,10 Euro, es war dorr höchsde Gewinn, den ä Außenseider seid langem erzield hadde.
Den gommden Winder forrbrachde Garl offn Ganaren. Off änner Lieche sidzend bliggde er off das dürgiesblaue Meer un ließ seine Seele baumeln. Ä Saggse muss ooch mal Schwein hamm.

Ethel Scheffler

De gleiche Brozedur wie jedes Jahr

„Mach hin, es gehd los“, hörde Nännsie ihrn Mann rufn. Behder hoggde im Wohnzimmer off dorr Gautsch un schdarrde wie gebannd off de Maddscheibe. Mid flinggen Handgriffn garnierde Nännsie einiche Gürgchen – sauer un exdra scharf – off den mid Wurschd un Gähse belehchdn Breedchn un brachde das Dabledd von dorr Güche in de Schdube.
„Es is immer dasselbe, jedes Jahr. Gönn wir nich ämah änne Ausnahme machn un de Sendung mid den vieln Schlahchern guggn?“ Nännsie ließ sich nähm Behder off das Bolsder falln.
„Escha“, wehrde Behder ab un schdellde den Dohn lauder. „Das Schdügg gehörd zu Silwesddorr wie dorr Hase zu Osdern. Nischt gehd über diese Dradidsion.“
In schwarz-weiß flimmerde de Einleidung übern Bildschirm. Dann gam dorr Schbrecher un gündigde das Schbegdagl an. Gurz droff schdolberde ä forrdroddeld wirgendorr Mann im Fragg durchs Bild. Schähms, dorr Baddlorr. Er bereidede den

Disch für seine Herrin vor, die wenich schbähder de Drebbe nunderschwebde, als wärse Fee Dingerbell schdadd änne Frau von neunzch Jahrn.

Sie sehen heute Abend wunderbar aus, Miss Sophie, wurde se von Schähms begrüßd, was Behder zu än Schmunzeln forranlassde.

„Hasde das gehörd? Wundorrbar, hadder se genannd, de alde Scharrdehge." Behder ließ geenen Bligg vom Geschehn un dasdede nach den Breedchn.

Schnell schob Nännsie ihm eens zwischen de Griffl. „Mid Camemberd, den magsde doch so gerne."

Dorrweil sedzde Schähms seine Herrin sowie de Zugugger ins Bilde, wer sich für alle unsichdbar zum Dinner eingefundn hadde. Sir Doby saß rechds von Miss Soffie, flangierd von Admiral von Schneidorr. Off dorr andorren Dischseide hadden Misder Winderboddm un Bommeroy Bladz genommen. Eener nachm andorren drangg off das Wohl dorr Gasdgeberin, die zur alljährlichen Geburdsdahchsbardi geladn hadde. Nadierlich dranggen se nich wirglich, se warn ja ooch nich wirglich da. Wie ooch, se warn lange dohd. An ihrer Schdelle dahd Schähms dorr alden Dame Bescheid. Als er mid diefer Schdimme in Forrdrehdung des

selichn Doby ä Schirio blärrde, brach Behder in Gelächder aus. Es dauerde ä Weilchen, ehe er sich widdorr eingegrichd hadde. Nännsie reichde ihm eens der scharfen Gürgchen un schüddelde den Gobb. Se gonnde dem Deahder nischt abgewinnen. Vor allem, weil de Olle in ihrer Horndzsche längsd forrflossene Zeiden offlähm ließ. Sie selbsd dachde nie zurügg. Ausn Oochen, ausm Sinn – so ihre Dewihse, mid der se immer guhd gefahrn war.
Miss Soffie bahd Schähms, de Subbe offzudrahchn un im Beschdrähm, dem Geheiß Folge zu duhn, schdolberde de Nabbsillze übern Gobb ännes mausedohden Diechers, dessen Fell als Gamihnvorleecher diende. Grund genuch, dass Behder erneud feigsde. Im Überschwang schdieß er Nännsie ein ums andorre Mal in de Seide, so dass dorr Deller in ihrer Hand bedenglich ins Schwanggen geried. Mid änner fließenden Handbewechung schob se ihm ä Läworrbiebebreedchn in de Gusche. Abrubd brach sei Lachn ab, un er gaude. Doch gaum hadde er de Grumen rundergewürchd, brusdede er offs Neue los, dänn in diesem Momend frahchde Schähms, ob es sich beim Dohsdausbring um dieselbe Brozedur wie im ledzden Jahre handeln solle, woroff Miss Soffie in aller Hardnäggiggeid droff beschdand, dass de Brozedur wie in jedem Jahr schdaddzufindn habe. Ä Wordschbiel, das sich durch das gesamde Schdügg zooch un dazu führde, dass dorr Baddlorr immer beschwibbsder wurde. Das wiedorrum forrdiefde de Differenzen, de er midn Raubdiernischl hadde. Noch ä Grund, warum Nännsie den Glamaug nich mochde. Se liebde alle Diere un engaschierde sich seid Jahrn fürn Ardenschudz. Miss Soffie bemergde, dass se müde sei un sich niedorrleechn wolle. Schähms schien zu wissen, was von ihm erwarded wurde. Er geleidede seine Herrin de Drebbe roff un beendede den Dialohch bezüchlich dorr alljährlichen Brozedur mid dorr Forrsicherung, dass er sei Besdes gähm wolle.

Behder wischde sich de Lachdränen ausn Oochen.
Nännsie admede off. „Nächsdes Jahr gönnden wir Silwesdor ausgehn", schluhch se vor. „Ä underhaldsamer Ahmd mid Büffee un Danz – das wäre ma was für uns."
Behder lehchde den Arm um se. „Wie de willsd."
Erleichderd schdrahlde se ihn an, doch ihre Freude fand ä jähes Ende, als er hinzufügde: „Un bevor wir schdarden, suche ich än Sendorr, der *Dinner for wonn* schon frühzeidsch bringd. Dänn weeßde, so isses bei uns Dradidsion."
Nännsie reichde ihm ä weideres Gürgchen un ä zweedes gleich dazu – sauer un exdra scharf. Änne armseliche Rache. Ihr blieb nur ä Weech, nämlich, mid dem Dhema abzuschließn. Wie war das nochemal? Ausn Oochen, ausm Sinn. Se hadde 364 Dahche Zeid, ehe se erneud Miss Soffies Geburdsdahch feiern mussde. Was bedeudede angesichds dieser Überleechung schon ä Sgedch von zwanzch Minuden? Ä Wimbernschlahch in ihrm Lähm. Dradidsion hin odorr her, mehr wars nich.

Sylke Tannhäuser

Zu viel is zu viel

Warum hadde Ingrid vorgeschlahchn, gemeinsam mid Gündher das Wochenende an dorr Osdsee zu forrbringn? Se hädde wissn müssn, dass Anfang Sebdember das Wedder ä Gliggsschbiel war. Schdadd angesahchdem Sonnenschein drommeldn de Regendrobben seid Freidahchahmd gegen de Fensderscheibn. Bisher haddn se nur zum Middahchessen de Ferienwohnung forrlassn.
Ooch sonsd. Schdadd lusdvollem Seggs forrfolgde Gündher de Schbielergebnisse dorr Fußballnadsionalmannschafd. Ingrid hadde forrsuchd, seine Offmergsamgeid zu gewinnen. Nach

dem 2:0 durch Dimo Werner in dorr 89-zichden Minude war de fiernfuffzchjährsche Blondine offgeschdandn un ins Bad gegangn. Nach änner wohldemberierden Dusche hadde se ihre weiblichn Gurven in än Hauch von schwarzer Seide gehülld. Laszief lehnde se sich erwardungsvoll an den Dierrahmen. Gündher sah nur gurz off, lächelde un bahd: „Nur de Bundesligadabelle noch, Schadz." Er griff nachm Bierglas, leerde es in ännem Zuhch un zwingerde Ingrid zu.

Ingrid gnallde de Diere zu. In ihr erschdarb ooch dorr ledzde Funggen Hoffnung, dass es änne Reddung für ihre Ehe gab. Egal, was se anschdelln dähde. Dabei hadde se zwanzch Jahre ausgehaldn, zwee Gindorr großgezoochn un den Garden an ihrm Haus in Schuss gehaldn. Gündher war off Handelsschiffen um de große weide Weld geschibberd. Für seine digge Lohndühde hadde se zurügggeschdeggd un den Alldahch alleene geschdemmd.

Als er ledzden Monad mid dorr Gündigung nach Hause gahm, hadde se offgeadmed. Jäddse wollde se mid ihm alles nachholn. Forrgessen wollde se de Nächde, in denen se sich nach sein Zärdlichgeiden gesehnd hadde. Er hadde forrschbrochn, sich änne neue Arbeed zu suchn un jeden Dchobb anzunehmen. Doch schon weniche Dahche nach seim Heimaddasein wurde ihr glar, dass Gündher seine Junggesellenmanieren

nich offgähm wollde. Dorr Oorloob offm Darß dähde es ooch nich mehr richden. Das wussde se jäddse. Da müssde schon ä Wundorr bassiern.
„Forrzeih mir, dass ich gässdorrn Ahmd vorm Fernseher eingeniggd bin. Ich machs widdorr guhd“, forrschbrach Gündher beim sonndäglichen Frühschdügg. „Gugge, de Sonne scheind. Was häldsde davon, än Ausfluch zum Darßer Ord zu machn?“
Ingrid niggde. Alles war besser, als in dorr Ferienwohnung vor dorr Glodze zu sidzen. Se dadeldn offm Deich in Richdung Brehroh, vorbei am Zeldbladz un weider durchn Wald, bis se den freien Bladz vorm Leuchddurm erreichdn. Dorrd schdellden se de Drahdehsl ab. Ingrid hob leichd den Gobb un sog dief de Lufd ein. Gurz droff schdandn se am Schdrand un bliggdn off de blaue, in dorr Sonne glidzernde Wasserfläche. Sanfd rolldn de weißen Wellengämme dem breiden Sandschdrand endgeechn. Ingrid breidede de midgebrachde Degge aus, sedzde sich droff un genoss den Anbligg. „Is doch scheen hier.“
Gündher ließ sich ähmfalls niedorr un holde aus seim Ruggsagg änne Bulle Bier. „Du ooch eene? Odorr än Schlugg Güsdennebel?“
Ingrid forrzog angesäuerd de Gusche. „Hasde nischt andorres für mich? Änne gleene Bulle Rodgäbbchen odorr Broseggo?“
Gündher schüddelde den Gobb.
Mei Godd, er hadde barrduh geenen Sinn für Romandigg. Widdorr fühlde se de Leere in sich.
Gündher öffnede schon de zweede Bulle Bier: „Am liebsden dähde ich hier ohm für immer wohn bleim. Dann gännde ich beschdimmd ooch als Fischer arbeeden.“
Ingrid sah Gündher von dorr Seide her an. In seim braun un gelb geringelden Dieschürd erinnerde er se an de Biene Maja. Nur färzch Jahre älder. „Hierbleibn?“ Das gonnde er nich ernsd meenen. Nach all dorr Zeid, un dem, wasser forrschbrochn hadde.

„Ich gehe ins Wasser.“ Se schdand off un lief übern weißen feingörnschen Sand. Mid ännem Hechdschbrung warf Ingrid sich in de Wellen. Das galde Wasser umschbülde ihren erhidzden Görber un drieb jeden glaren Gedanggen aus ihrem Gobb. Leere.

Gündher süffelde de Bierbulle aus un folgde ihr ins gühle Nass. Er graulde gegen de Wellen an, dann mihmde er mid ausgeschdreggden Armen den dohden Mann.

Ingrid forrzog leichd den Mund. Sollde das lusdsch sein? Am liebsden dähde se ihn so richdsch underdiddschn, dadorrmidd ihm de Lufd wegbliebe. Dadorrmidd er begreifen dähde, wie sehr er se forrledzd hadde.

Noch immer forrsuchde er sich wie ä Schdügg Schdrandholz über Wasser zu haldn. Für än Momend zögerde se. Doch dann schdrich se ihre halblangn nassn Haare aus dem Gesichd. *Was sollde das? Billsche Rache? Wahrscheinlich dähde* Gündher *nich ämah begreifn, warum er nach Lufd jabbsn dähde.*

Se schdagsde ausm Wasser. Gündher folgde ihr mid Abschdand nach. Wenig schbähder rubbelde sich Ingrid mid än Hannduhch droggen. Während se sich anzooch, sahchde se zu ihm: „Weeßde was? Bleib doch glei hier.“ Se gnöbbelde de Bluse zu.

Gündher zog de Schdirn graus, als dähde er ihre Worde nich begreifn.

Ingrid fuhr ford: „All’ de Jahre mussde ich ohne dich glargomm. Ich forrlasse mei scheenes Dresdn nich, meine Heimad. Mei blaues Wundorr schdehd in Saggsen. Ich liebe de Elbe mid ihrn Dambfschiffn un das Elbsandschdeingebirche.“ Ohne sich noch ämah umzubliggn, ging se zum Fahrrad. Gedangenforrlorn fuhr se durchn Wald zurügg. De Müggen schdachn se in ihre gräfdschn Waden. Ingrid bemergde es nich. Se weinde.

Den ganzen Ahmd wardede se mid Wuhd im Bauch off Gündher. Hadde er sich im Wald forrirrd? War er in änner Gneibe forrsaggd? Eechndlich wollden se am nächsden Vormiddahch

widdorr heeme fahrn. Mid Resdalgohol dähde das nich gehn. Nu sorgde se sich doch. Um Middernachde rief se bei dorr Bolizei an un schildorrde den Sachforrhald. Was sollden de Beamden undernehmen? Gündher war noch nich lange genug forrschwundn. Aworr das Argumend, dass er sich forrirrd hamm gönnde, forranlassde änne Schdreife doch, dem nachzugehn. Se fandn Gündher dohd nähm seim Fahrrad. Wahrscheinlich war er in seim angedrungnen Zuschdand zu schbähder Schdunde vom Deichradweech abgegomm un dabei so ungligglich geschderzd, dasser sich das Genigge gebrochn hadde.
Das hadde Gündher nun nich forrdiend. Se wollde de Drennung – aworr so? Ingrid war schoggierd un ooch draurich, haddn se doch ooch guhde Zeiden in Dresdn gehabd. Von Anfang an jedoch hadde se gewussd, warum se ihr geliebdes Saggsen nich forrlassn wollde. Da gabs nehmisch geene Fahrradweeche off Deichen.

Ethel Scheffler

Hinder Giddern

„Hasde schon gehörd? Unsere Heidi is berühmd", embfing mich Alwin Grube off dorr Drebbe mid änner Zeidung in dorr Hand. Alwin wohnde rechds nähm mir un war im Begriff, nach unden zu gehn. Ich hingeechn gahm von Arbeed un wünschde mir nichs sehnlicher als ä ausgedehndes Bad mid anschließendem gemüdlichen Fernsehahmd offm Gannabeh. Daher forrsuchde ich, mich mid än flüchdschen Niggen an ihm vorbei zu drüggn. Ä Vorhaben, das zum Scheidern forrurdeild war, dänn wenn Alwin sich was vorgenomm hadde, ließ er nich logger. Es überraschde mich gaum, seine Hand off meim Arm zu schbürn.

„Warde mal, odorr hasde Jachdwurschd gegessn, dassde wie ä Hundedier off Garniggelhadz durch de Gegend soggsd?"
Dorr Widz war älder als Medhusalem un endloggde mir nur ä müdes Grinsen. „Erzähl schon, aworr fass dich gurz."
„Wie ich schon gesahchd habbe, de Heidi is berühmd. Sogar in Ameriga gennd morr se. Ich gönne es ihr aus ganzer Seele, viel hadd se ja sonsd nich vom Lähm. So hinder Giddern den ganzn Dahch."
„Ach", meende ich, nur um überhaubd än Gommendar abzugähm. Was soll morr ooch dazu sahchn, wenn ännem dorr Nachbar erzähld, dass seine Dochdorr im Gnasd sidzd? Nachm Grund frahchen, forrbohd sich von selbsd. Das wäre, als dähde ich Alwin ä Messer ins Fleesch gungsen un anschließend in dorr Wunde rumschdochern.
„Un dann das ganze Drumnummgemähre", fuhr Alwin ford. „Nachds umgähm von Geräuschen, von denen morr gar nich wissn will, wer se forrursachn duhd un noch wenscher, wobei. Forrmudlich duhd se gä Ooche zu, de arme Gleene."
Gleen? Heidi Grube war änne junge Frau von achzn Jahrn, die mir in mein Schbädschichdwochn mehr als ämah beim Heemegomm de Hausdiere offgehaldn hadde. Ich damberde nei, sie naus. Zum Danzen, wie se mir ämah erzähld hadde.

Schlaflose Nächde schdellden gewiss gä Broblem für se dar. „Es muss ewich dauern, ehe se Ruhe finded, un gaum gann se ä wenich endschbannen, schebberds an dorr Diere un dorr Wärder schiebd sich midm Blechnabb in dorr Hand off se zu.“ Alwin schüddelde den Gobb. „Wer da nich durchdrehd, had ä schdarges Gemüd. Hoffendlich häld Heidi den ganzen Zirguss aus.“

Heidi un schwach? Unwahrscheinlich. Aworr was wussde ich schon von ihr.

Mei Freind Rudi fiel mir ein. In unsrer Juhchendzeid war er ä richdscher Droffgänger gewesn. Nischd hadde er anbrennen lassn un alles midgenommn. Ämah ooch Juwelen aus änner Ausschdellung beganndder Deseiner, un obwohl sich schbähder rausgeschdelld hadde, dass de Glungern nischd werd warn, hadder dreiähalb Jahre dadorrfohr gesessn. Bei jedem Dreffn hadder schbähder davon erzähld.

„Heidi sollde sich arrangschiern“, sahchde ich in Gedenggen an Rudis Berichde. „Gleichgesinnde suchn, zusammhaldn un möglichsd wenich offfalln. Das is de besde Schdradegie.“

Alwin schdarrde mich forrschdändnislos an. „Schdradegie? Ich gloobe nich, dass Heidi viel davon forrschdehd. Un überhaubd – se gann ja närchndäwo hin. Se is denen völlich ausgelieferd.“

„Da musses doch Reechln gähm. Niemand is völlich ohne Rechde.“

„Gloobe mir, danach frahchd geene Sau. De Ärzde indressiern sich nur für ihre DNA. Jede Menge Undersuchungn, den ganzn Dahch gehd das so. Immer widdorr ä Dröbbchen Bluhd hier, ä Becherchn Urin da. Gombledd durch de Mangel wurde se gedrehd, das volle Brogramm. Un weeßde, warum? Weil die rausgriechn wolln, woher se ihrn Wahnsinnsbligg hadd.“ Off Alwins Schdirn hadden sich diefe Falden gebilded. Er sengde de Schdimme. „Ledzdendlich hammse es ja ooch geschaffd. Den Grund zu findn, meene ich.“

„Und?“, wollde ich wissen.

„Se is zu fedd. Überfressen, vielleichd hadde se än Gönner. Es gibd ähm überall än Griebl, der Misd baud.“
„Übergewichd, na ja.“ Ich fand Heidi eher zu dünn, doch ich wollde Alwin drösden. „Se is noch jung. Änne Diähd hilfd beschdimmd. Morr darf de Hoffnung nich offgähm.“
„Da gannsde rechd hamm, aworr für Heidi gommd das zu schbäd. In ihrm Zuschdand daugd se nich ämah für de Zuchd un schon gar nich zum Überlähm.“
Endsedzd schdarrde ich Alwin an. So hadde ich ihn noch nie über sei Gind redn hörn.
Er mussde mein Bligg bemergd habn, dänn er sedzde hinzu: „Als Forrsuchsganinchen wurde se benudzd, hadd beschdimmd jede Menge gifdsches Zeuch begomm. Da gönnen se ihr jäddse noch so geringe Radsionen forrbassn un ihre Mahlzeiden durch Fidamine ersedzn. Mid Südfrüchden un Nüssen gehd das nie im Lähm widdorr weg.“
Heidi in dorr von Alwin geschildorrden Lahche zu wissn, dahd mir weh. „Dageechn muss morr doch was duhn gönnen“, sahchde ich.
„Was dänne? Hasde änne Idee, Schlaumeier?“
Wie hadde Rudi gesahchd? Es gibd nur eene Siduadsion im Gnasd, bei der de Leude zuhorchn. Ä Offschdand. Eener machd Rabadds, ziehd än Andorrn eens übern Nischel, machd noch mehr Rabadds un schon is änne Globberei im Gang. Bei änner solchen Bambule müssn de Offseher reagieren. De Sache hadde nur een Hagen. Es brauchde nen Anführer dadorrfohr. Än Chef, der das Sahchn bei den Fissemaddenzchn hadd. Andorrerseids gann ooch de graue Masse ganz alleene ä Ding ins Rollen bringn.
„Wenn sich alle zusammduhn …“, begann ich.
„Ausgeschlossn. Heidi is abgeschirmd von den andorrn“, fiel mir Alwin ins Word.

Zugegähm, für än Insassn in Einzelhafd wars fasd unmöchlich, mid Leidensgenossn Gondagd offzunehmn.
„Was is mid den Medjen? Wir gönnden se informiern."
Alwin wingde ab. „Die hamm ihre Schdorri schon. Heidi is ofd genuch im Geschbräch. De Journalisden reißn sich um se, machn Fodos un so. Wie ich gesahchd habbe, se is berühmd." Nun glang er doch ä wenich schdolz.

Unden im Drebbenhaus glabbde änne Diere. Schnelle Schridde näherden sich. Alwin un ich beuchden uns übers Geländorr, um nach unden zu linsn. Ä junges Mädchen gahm de Drebbe roff, un offm ledzden Absadz ergannde ich se.
Ich schdieß Alwin mein Ellenboochn in de Seide. „Mensch, das is Heidi."
„Dängsde, ich habbe Domaden offn Oochen?"
Als Heidi uns erreichd hadde, sahchde er zu ihr: „Sedz schon mal den Gaffee an. Ich bringe nur de Zeidung zur Müllern ins Barderre."
Heidi niggde mir grüßend zu un forrschwand nach oben. Gaum war se außer Sichd, fassde ich mich. „Alwin, wo gommd das Mädel off ämah her?"
„Aus dorr Schule, nehme ich an. Warum frahchsde?"
„Warum ich frahche?" Über so viel Lieblosichgeid gonnde ich nur den Gobb schüddeln. „Heidi sidzd hinder Giddern, das hasde mir ähm noch erzähld. Un ooch von dem Lähm, das se im Gefängnis führn muss. Schon forrgessen?"
„Ich forrschdehe nur Bahnhof." Alwin hob de Schuldern. „Meine Heidi is doch geene Forrbrecherin."
„Warum, in Deufels Namen, schbinnsd du nur solchn Hummbuhch zusamm?"
„Schbinnen, ich?" De Endrüsdung in Alwins Schdimme glang echd. Er wollde sich abwendn, doch dann schien ihm was einzufalln. „Lies, du Esel", sahchde er un hield mir de Zeidung under de Nase.

Offm Deggbladd war ä Fodo zu sehn, drüber änne Schlahchzeile. In fedden Leddern schdands da: Heidi, das schielende Obbossum, sorchd weldweid für Furore.

„Menschensgindorr, un ich dachde, du redesd de ganze Zeid von deiner Dochdorr.“

„Weil die wie das Obbossum heeßd? Das muss ich Marie erzähln. Dadorrmidd se endlich ma hörd, was ihre Namenswahl angerichded hadd. Wäre es nach mir gegangn, hädde Heidi än andorrn Namen begomm. Claire zum Beischbiel.“

Schnell forrabschiedede ich mich. Während ich in meine Wohnung ging, begliggwünschde ich Alwins Frau im Schdillen, dass se sich durchgesedzd hadde. Über den Vornamen Claire wäre Heidi Grube gewiss nich erfreud gewesn. Gegen ä solches Los fiel de Forwechslung mid dorr Beudelradde im Leibzscher Zoo wohl gaum ins Gewichd.

Sylke Tannhäuser

Barrduh ma Forrdraun hamm

Birgid hüllde sich nach dorr erfrischenden Dusche in ihrn flauschichn blauen Bademandel. Ihre feuchden rohden Haarschdrähnen wirbelde se under än Hannduhchdurban. Ganz endschbannd ließ se sich off de Gautsch falln. Mid geschlossnen Oochen dachde se an ihren Freind Sven un lächelde. Ihr war heude Nachmiddahch nich endgangen, wie sehr seine Bligge ihrn schlanggen Görber umschmeicheld haddn. Ihr gefieln seine volln Libben un se wünschde sich nischt sehnlicher …

Das Delefon schrillde. Birgids Mudder gündigde sich offm Disblee an. Seid ännem Vierdeljahr war se weechn änner guhd bezahlden Anwaldsschdelle nach Dresdn gezoochn.

Birgid selbsd war in Zwiggau gebliebn un zu ihrer Dannde gezoochn.

„Warum rufsde jeden Dahch an?“, ärcherde sich Birgid. Ihre Mudder mussde den Unmuhd geschbürd hamm, den ihr Anruf ausgelösd hadde.

„Ob ich sauer bin? Nee, Mama. Ich habbe geene schlechde Laune. Nur, früher hasde ooch nich jeden Dahch wissen wolln, wies mir gehd.“

„Du bisd noch geene achzn“, grollde es an Birgids Ohr.

Birgid sedzde sich offrechd hin. „Ja, ich weeß. Aworr in fier Monaden bin ich es.“ Das Hannduhch war im Begriff, von ihrm Gobb zu rudschen. Birgid holde dief Lufd un nahm sich vor, ganz brav off de Frahchn ihrer Mudder zu andworden. Fiellei gäme se sonsd noch off de Idee, das Daschengeld zu gürzen.

Wie se mid Dannde Elfriede zurechd gäme? Oh Mann, das nervd. Se schloss de Oochen. Ommmm, dann andwordede se: „Dannde Elfriede? Die freud sich, dass se mich forrwöhn gann.“

Se ging widdorr ins Bad. Mid den süßen Dräumn von Sven wars jäddse eh vorbei.

„Wird das Dannde Elfriede nich alles zu viel?“ De Schdimme ihrer Mudder schien voller Zweifel.

„Nee, es wird ihr nich zu viel, wenn se meine Blusen bügeld odorr für mich das Frühschdügg hinschdelld. Mama, wirglich nich.“ Im Schbieschl musderde Birgid ihr sonnengebräundes Gesichd. Schnell sedzde se hinzu: „Ja, es is alles ogeh. Wirglich! Null Broblemo. Danndchn is brima un hilfd mir, wo se nur gann.“

„Bei den Hausoffgabn?“

„Nee, nich bei den Hausoffgabn. Dengg mal an das Alder von Dannde Elfriede. Aworr se is modern un had immer Forrschdändnis für mich.“ Birgid schdellde ä Been offn Badewannenrand un griff nach dem Ebbilierer offm Regal.

„Was heißd das?“, hahgde ihre Mudder am andorrn Ende dorr Leidung nach.

„Se had meine Ausrudscher underschriebn – fimfe in Füsigg un Geschichde.“ Birgid wechselde den Höhrorr in de lingge Hand un ließ den gleenen Haarendferner übers andorre Schienbeen rolln. „Außerdem war se mid mir beim Frauenarzd weechn dorr Bille. Doll, was?”

Fiellei hädde se das mid dorr Andibabybille nich sahchn solln. Blödzlich hield Birgid ihr Hendie weid ab vom Ohr. Ihre Mudder mussde außer sich sein.

„Reg dich doch nich so off, Mudder“, wehrde Birgid selbsdbewussd ab. „Nadierlich dengge ich an meine Zugunfd. Darum nehme ich ja de Bille. Du mussd ooch barrduh mal Forrdraun hamm.“ Birgid leechde off. Se fand, dasses forrdammd schwer war, erwachsn zu währn.

Birgids Mudder fiel es midm *Loslassn* nich leichd. Das is ewas, was de Sächsin beschdimmd mid vielen andorrn Müddern gemeinsam hadde.

Ethel Scheffler

Ä Saggse gann nich andorrs

Wolfgang bliggde in den Schbieschl. Wehleidig sah er off seine forrquollne Fissahsche. De Oochen dränden, un sein ohnehin großer Zinggen sah wie änne rohde Gnolle aus. Un dieser Husden? So gonnde er als Forrgäufer im Elegdromargd geenen Fernseher an den Mann odorr de Frau bringn. Sei Chef würde das einsehn müssn. Ooch, wenn eh schon an allen Eggen un Enden das Bersonal fehlde. Wolfgang beschloss, zum Dogdor zu gehn.

Oochenscheinlich ging es an diesem Mondahchmohrchn midden im Januar vieln Leuden so. Im Wardezimmer seines Hausarzdes husdeden un schniefden de Badsienden, was de Ergäldungn hergabn. Wolfgang sedzde sich off än freigewordnen Schduhl. Erschdaund ergannde er, dass er nähm seim ehemalichn Chef Bladz genommen hadde. In dieser Segunde wurde ooch er ergannd.

Wolfgang grüßde: „Mensch Hardmud, wie gehds dir dänne?"

Dorr Angeschbrochne Hardmud Grone husdede un holde ä Daschnduch hervor: „Na, siehst du doch. Erkältet, aber sonst gut. Und du, Wolfgang?"

Wolfgang husdede un dangde dorr Nachfrahche. Er guggde sein ehemalchn Abdeilungsleider von dorr Seide her an. Übergewichdich, unrasierd hoggde der in änner alden abgedrahchnen Jagge nähm ihm. Hardmud sah rundergegomm aus. Ihm gonnde es nich guhd gehn. Das lahch nich nur an dorr Ergäldung.

Anfang 1995 war er mid seiner Familsche aus Wolfsburg nach Leibzsch in ä scheenes Einfamilschenhaus gezoochn. Für änne Forrsicherungsgesellschafd baude er als Forrdriebsleider änne Niedorrlassung off. Wolfgang arbeedede damals zwee Jahre bei ihm im Forrdrieb, gannde sein Vorgesedzden nur im feinen Zwirn. Selbsd Ahmds beim Bierchen nach diwehrsn Forrgoffsschulungn saß bei ihm de Grawadde gorregd. Bei diesn gesellichn Runden hadde sich sei ehemalcher Vorgesedzder schdeds gebrüsded, wie guhd es bei ihm liefe. Finanziell un familschär. Seine Frau un Dochdorr dähden ihm jedn Wunsch von den Oochen ablesn. Schon damals hadde Wolfgang gedachd, dass er zwar ä umgänglicher Chef, aworr briwad ä Matscho war. Er hadde sich dann änne andorre Arbeed gesuchd. Eega den Leuden Forrsicherungsforrdräge anzudrehn, ooch wenn se die gar nich benödschden, war off Dauer nich sei Ding.

Wolfgang überlehchde. Was sollde er frahchn? Odorr doch lieber gä Geschbräch führn? De Neugier siechde: „Dass wir uns ausgerechned beim Arzd dreffn. Wie gehds dir un deiner Familsche?“

Hardmud drehde den Gobb zur Seide un andwordede mid leiser Schdimme: „Kennst du die Werbung: mein Haus, mein Boot, mein Auto?“

Wolfgang niggde.

„Alles weg, einschließlich Frau und Tochter. Undangbares Pack!“ In seiner Schdimme schwang underdrüggde Wuhd un Enddäuschung mid.

„Das is ja schlimm. Aworr wieso?“

„Ich habe nicht mehr die Umsätze bei den Vertragsabschlüssen gebracht, und ein junger Spund übernahm meine Stelle.“ Hardmud schniefde. „Jetzt bin ich mittlerweile Harzer. Wer will schon einen Mittfünfziger einstellen.“

Ehe Wolfgang was erwidorrn gonnde, erschien de Arzdhelferin im Wardezimmer. „Herr Hardmud Grone, bidde“, rief se in de Badsiendenrunde.

Dorr Offgerufene erhob sich: „Mach’s gut.“ Er folgde dorr jungen Frau ins Arzdzimmer.

Wolfgang war bedroffen un gonnde sich denggen, wies geloofn war. Geld weg, Frau weg. Loofendorr Hausgredid un Underhaldszahlungn währn den sozialn Abschdiech noch beschleunigd hamm. Nischd mehr, mid jedm Wunsch von den Oochen ablesn. Das mussde bidder für Hardmud gewesn sein. Junge, Junge, so ganns gehn, dachde Wolfgang.

Während er so sinnierde, gahm Hardmud schon widdorr ausm Arzdzimmer. Dorr Drugger schbuggde surrend ä Rezebd für ihn aus.

Wolfgang hadde änne Idee. Er schnellde hoch un fing Hardmud im Flur gurz vor dorr Diere ab. „Wie gannsch dich erreichn? Hasde

änne Delefonnummer für mich? Ich höre mich ma weechn Arbeed um.“ Wolfgang bliggde in Hardmuds forrgribbdes Gesichde.
Der zooch de Oochenbrauen hoch. Er schnäuzde sich un zubbelde das Hendie aus dorr Dasche. Wolfgang dibbde Hardmuds Nummer glei in sei Delefon. Mid den Worden: „Forrschbrechn gann ich dir nischd“, blieb Wolfgang unforrbindlich.
„Ja, ja“, erwidorrde Hardmud fasd donlos. „Mach es gut und danke!“ Er griff nach dorr Dierglinge un endschwand ins Drebbenhaus.
Änne guhde Woche brauchde Wolfgang, bis er geene Bagderien mehr forrschleudorrde. Widdorr off Arbeed frahchde er sein Chef, ob de ausgeschriebne Schdelle schon besedzd wäre. Er genne da jemandn, der sich besdens dorrrfohr eignede.
„Fachgenndnisse?“
„Nich ganz offm neuesden Schdand. Aworr der gann reden. Der forrgoffd dir jeden Ardiggel.“
„Alder?“
„Midde Fuffzch, siehd gebfleechd aus un hadde Forrsicherungn forrgoffd.“ Wolfgang blendede den derzeidigen Zuschdand seines ehemalchn Chefs aus.
„Guhd, dann soller sich bewährbn. Se wissen ja, was wir brauchn. Daube Nüsse haddn wir hier schon genuch.“
Wolfgang niggde un rief soford Hardmud an.
„Ja?“ Hardmud glang unwirsch. Erschd als er Wolfgang ergannde, gahm Farbe in seine Schdimme.
Ohne Umschweife frahchde Wolfgang: „Hasde Lusd, Fernseher odorr Waschmaschinen zu forrgoofn? Du gänndesd bei mir in dorr Abdeilung arbeedn. Eene odorr zwee Schulungn müssdesde nadierlich machn, dadorrmidd du offn neusdn Schdand gommsd. Gib schnell änne Bewerbung ab. Morr weeß ja nie.“
Wolfgang horchde. War Hardmud an andorrn Ende dorr Leidung schbrachlos odorr vor Schregg umgefalln?
Nach gefühlden Schdunden gahm ä: „Echt jetzt?“

„Ja, echd.“ erwidorrde Wolfgang. „Hasde was zu schreibn?“
„Momend.“ Es raschelde am andorrn Ende des Delefons. Hardmud suchde nach ännem Schdifd un Babbier. „Mensch, wenn das klappen würde! So, jetzt bin ich bereid.“
Wolfgang gab ihm den Namen des Anschbrechbardners un de Adresse.
„Alles glar. Habe ich“, beschdädigde Hardmud. „Ich mache die Bewerbung heute noch fertig. Morgen gehe ich zum Friseur, werfe mich in Schale und bringe die Unterlagen ins Geschäft.“
Wolfgang schbürde Hardmuds Energie förmlich durchs Delefon.
„Aworr wie gesaachd, de ledzde Endscheidung had dorr Chef. Du gennsd das ja. Ich bin mohrchn ooch off Arbeed.“
„Ich danke dir. Bis morgen.“ Hardmuds Schdimme glang weich.
Wolfgang schdeggde sei Hendie in de Hosendasche un sann dem Delefonad än Momendchn noch nach. Wäre doll, wenner Hardmud hadde helfn gönnen. Ä bissel Schdolz war er ooch off sich. Aworr Wolfgang war ähm ä Saggse durch un durch. Wenn er jemandn under de Arme greifn gann, dann gann er nich andorrs: Da muss ers duhn.

Ethel Scheffler

Hund un Gadz un Fedorrvieh

„Guhden Dahch.“ Rüdiger niggde in de Runde un schloss de Diere. Dann schdeuerde er zielschdrebch den Wardebereich an un ließ sich off ännen freien Schduhl fallen. Nähm ihm saß ä Mann mid ännem runden Gesichde un änner Haud, die an än frosdschn Windermohrchn erinnerde.
„Se müssn sich am Schalder meldn“, sahchde dorr Mann un wies in Richdung Rezebdsion, an der ä junges Ding von höchsdens zwanzch Jahrn Babbiere ordnede.

Rüdiger schdemmde sich hoch, ging zuem Dreesen un räusberde sich.

Das Mädchen schaude off. „Ja, bidde?“

Rüdiger sah, dass se ä Namensschild druhch, doch er gonnde nich endziffern, was droff schdand. Ärchndäwas mid G. Gadrin odorr Garin fiellei.

„Mei Bludo had was midm Maachn“, sahchde er.

„Bludo is Ihr Hund?“

„Nee, mei Daggel. Er is sieme un frissd nich mehr richdsch. Früher hadder jede Menge Garniggel forrdrüggd.“

Gadrin odorr Garin niggde forrschdohln in Richdung ännes zehnjährschn Jungen, der än Gäfig off sein Gnien hield. In dem Gäfig hoggde ä Ganinchen, weiß un fluffich.

„Is was?“, frahchde Rüdiger. Da das Mädchen nich andwordede, sedzde er hinzu: „De Geulen von den Viechern mahch er am liebsden. Fedd müssense sein. Mei Bludo brauchd Grafd, wenner se zur Schdregge bringd.“

Von dorr Seide, off der der Junge saß, schwebde ä ziddriches „Oh“ durchn Raum.
„Ihr Name?“, wollde Gadrin-Garin wissn.
„Wolf. Rüdiger Wolf. Un mei Daggel heeßd Bludo. Bludo Wolf, gewissermaßn.“
„Nehmen Se Bladz. Ich gebe Bescheid, wenn Se zum Dogdor gönnen. Ihrn Hund hammse wohl noch draußen, odorr?“
„Bludo Wolf warded im Audo. Is besser, wegen dem Lähmdfudder.“ Rüdiger fand seinen Widz zum Schießen gomich un grinsde noch, als er längsd widdorr off seim Schduhle saß. De übrichn Leude im Wardebereich reagierden wesendlich forrhaldner. Dorr digge Mann rechds nähm ihm drüggde das Hühnchen off seim Arm eng an sich un guggde Rüdiger nich an.
De Frau danähm flüsderde ihrem Dierchen was ins Ohr. Es glang wie ‚Hör nich offn beesen Mann‘. Rüdiger ahnde, dass er gemeind war, doch er endhield sich jeden Gommendars. Schdadddessen musderde er ihrn Liebling un forrsuchde fesdzuschdelln, um was es sich dabei handeln mochde. Off forrblüffende Weise ähnelde das Vieh seiner Besidzerin. Beede warn dürr wie ä Ochsenziemer. Im Gegensadz zu dem Dier druhch de Frau jedoch Büschel von Haaren offm Gobb, die an de Frisur ännes Buhdels erinnerdn.
De Frau mussde sein frahchndn Bligg bemergd hamm un erglärde: „Das is änne Don Sfinggs. Änne Naggdgadze.“
„Widorrlich.“ Rüdiger schüddelde sich.
Ä Zuggen lief über de Fissahsche dorr Buhdelfrisur, als se sich zu den Ohrn dorr Gadze beuchde, die wie bei ännem Esel in de Höhe schdandn. „Beeser Mann.“
Diesmal warn de Worde bis in de ledzde Egge zu forrnehmn.
„Soll das Dier gasdrierd währn?“ Rüdiger lächelde sanfd.
„Das gehd Se gar nischd an.“

„Ich meene ja nur. Wenn ich mir das Gerlchen so angugge ... dürr wie ä Schdogg. Ä guhder Hahn wird ähm selden fedd. Mei Bludo zum Beischbiel, wenn der Drieb had, isser nich zu haldn."
„Ich bidde Se." De Buhdelfrisur schnaufde embörd. „Das Gerlchen is ä Mädchen."
„Ich habbe vom Jahchddrieb geschbrochen, meine Guhde."
„Schbaren Se sich das Gesülze, ich bin änne Dame, Sie dämlicher Gnallgobb."
Dann ähm nich. Gündher wandde sich seim Nachbarn zu. „Was fehld Ihrm Voochl dänne?"
„Gerlinde hadd ä Drauma."
„Gerlinde?"
„Meine Henne. Se is de besde, die ich jemals hadde. Legd jeden Dahch ä Ei, immer fleißsch un zuforrlässich. Da gann morr seine Uhr danach schdelln. Bis vor zwee Dahchen, jedenfalls. Da isses bassierd, das Drauma."
„Sahchn Se bloß, dorr Hahn is off Ihrn Liebling gehubbd. De Weiber wissn manchmal selber nich, was se wolln."
Gündher dachde an Lilo, seine Allde. Wenn er ihr zu nahegahm, reagierde se in ledzder Zeid ofd grillich un schbrach danach dahchelang gä Word mid ihm. Ä draumadisches Erlebnis sei er. So hadde se es genannd, als er änne Erglärung gefordorrd hadde.
„Nich dem Hahn, dem Fuchs isse begeechned", sahchde dorr Digge.
„Das is nich möchlich!" Gündher baggde den Mann am Arm. „Ich gönnde Se gnudschn."
„Underschdehn Se sich!" Dorr Diggee schüddelde Gündhers Hand ab.
Doch der ließ sich nich beirrn. „Se machn mich zum gligglichsden Menschn off dorr Weld. Seid Monaden will ich Bludo änne Freude machn. Er jahchd doch so gerne, aworr offm Forschdamd

hammse mich abgewiesn. Schonzeid, so wurde mir beschiedn. Geene Schanse off änne Hadz, aworr jäddse hadd Meisder Reinegge ihre Zuchd bedrohd. Ä dädlicher Angriff. So wars, habbch Rechd? Dageechn muss morr was undernehm, also hammse um Hilfe gebedn. Und bidde scheen, ich bin zur Schdelle."
„Forrschdehn Se dänne was dadervon?"
„Nu glar. Ledzdes Jahr zum Beischbiel ..." Gündher gahm in Fahrd un sabbelde un sabbelde. Es war das scheensde Jägerladein, daser zum Besden gab, un erschd dorr Offruf dorr Schbrechschdundenhilfe schdobbde sein Redefluss. Dorr Digge reichde ihm änne Delefonnummer un schbazierde mid Gerlinde ins Behandlungszimmer.

Gündher ging, um Bludo ausm Audo zu holn. Gurze Zeid schbähder war ooch er an dorr Reihe. Dorr Arzd schdellde bei Bludo än gereizden Darm fesd un forrordnede schdrenge Diähd. Vom Forrzichd off änne Fuchsjahchd sahchde er nischd. Un so gahm es, dass Gündher un Bludo zwee Dahche schbähder offm Hühnerhof des Diggen eindrafn. Nach änner gurzen Besichdchung des Dahdords nahm Bludo de Schbur off un wedzde geradeweechs in Richdung des naheliechndn Wäldchens. Gündher hadde Mühe, ihm zu folchn.
Von weidem sah er was über de schmale Grasnarbe vorm Waldrand huschn. Rodbraun blidzde es durchs Geschdrübb. Bludo hinderdrein. Ä Schbrung, ä Rascheln, dann gab er Laud. Im Nähergomm ergannde Gündher, was Bludo erleechd hadde. Änne Ende. Dorr Hund mussde se überraschd ham, so dass se nich mehr vom Boden abhehbn gonnde. Angesichds Bludos schdolzen Bligg brachde es Gündher nich übers Herz, mid ihm zu deddern. Schnell forrfrachdede er Obfer un Däder in sein Wahchn un fuhr heem.
Am nächsden Dahch glingelde das Delefon. Dorr Digge wollde wissn, ob Gündher Erfolch gehabd hadde.

„Sicher doch, mei Guhder, wie ichs Ihnen forrschbrochn habbe. Dorr Übeldäder is bereids naggch. Der richded geenen Schadn mehr an."

Gündher grinsde. Lilo hadde ihn gelobd, Endenbradn war ihr Leibgerichd. Seid dem Mohrchn brudzelde dorr gerubbde Voochl in dorr Fanne. Bludo hadde de Eingeweide begomm, seine Darmbeschwährdn warn wie von Geisderhand forrschwundn. Alles in allm war sich Gündher sicher, änne guhde Dahd vollbrachd zu hamm, dänn wie sahchd dorr Saggse in Anlehnung an ä beganndes Schbrichword gern? Ende guhd – alles guhd.

Sylke Tannhäuser

Nich immer off de Gleenen

Andreas Gleen indressierde nich im Geringsden de Abrechnung des Wirdschafdsblans des ledzden Jahres. Nur den Dahchesordnungsbungd „Umgeschdaldung dorr Außenanlahche" erwardede er als Hausmeesder mid Schbannung. Als gombedender Mann von dorr Basis hadde dorr Zweenfuffzchjährsche de Einladung zu dieser Eigendümerforrsammlung erhaldn. Seid drei Jahren maloochde Gleen als Hausmeesder in dieser bommforrdsschonehsn Wohnanlahche am Rande dorr Schdadd Leibzsch. Reihen- un Mehrfamilschenhäuser bildedn mid gleen blumschn Vorgärden ä Rechdegg. Großzügich angeleechde Rasnflächn umsäumdn än Schbielbladz fürs junge Gemiese. Was sollde in dieser berfeggden Liechnschafd noch zu geschdaldn sein?

Hausmeesder Gleen war für alle da, besondorrs für de Gindorr. Wenn se nachmiddahchs aus dorr Schule gahm, guggden se ofd in seine Gellerwergschdadd. Gleen schbendierde im

Sommer Limmos odorr Gaugummis, fand drösdende Worde für schlechde Zensurn. Machde Muhd, wenns gald, de Nohde den Eldern zu zeichn. An ännem alden, großen Holzdische saßn ofd zwee, drei Schüler un erledichdn ihre Hausoffgabn. Bei schlechdem Wedder hield Gleen in abgedadschdn Babbgardons aldmodsche Schbiele, wie ‚Mensch ärchere dich nich' bereid. Lings nähm dorr Eingangsdiere loggdn offm Bücherregal ‚De gleene Dedegdivschule' un ‚Robinson Grusoh'. Gleen guggde selden off de Arbeedszeid. Zu Hause wardede niemand offn, un so leisdede er weid mehr, als in seim Arbeedsforrdrach schdand.
Gleen saß nähm dorr ollen Heddchn, die er wie einiche andorre selbsdnudzende Wohnungseichndümer gannde. Se wirgdn heude fremd un exdra fein angezoochn. Selbsd Gleen hadde seine begwehme blaue Ladzhose mid äm braunen Cordjaggedd gedauschd. So richdsch wohl fühlde er sich jedoch nich. Viel lieber dähde er jäddse den defeggden Dohsder von Frau Glose rebbariern.
Endlich forrlas dorr Forrwalder den erwardeden Andrahch: „Einiche Eigendümer ausn Reihenhäusern möchden den Schbielbladz umgeschdaldn. De Anzahl dorr Gindorr im Wohngombleggs habe schdarg abgenommen. Da gönnen de Schaugl, de Wibbe un dorr Rudschelefand abgebaud währn. Wir müssn darüber nur än Beschluss fassn."
Sollde des dorr Andrahch zur Umgeschdaldung dorr Grünanlahche sein? Gleen gonndes nich fassn. Nach Beseidchung dorr Gledderällemände gabs braggdisch geenen Schbielbladz mehr für „seine" Zwärche.
Gobbschüddelnd forrnahm er de Worde von Frau Heddch.
De in zwee Monaden währnde Oma schdüdzde den Andrahch mid dorr Begründung, dasses middahchs unerdräglich laud sei. Enggel gönnen sich ihre Omas ooch nich aussuchn!

Dorr Bangsiohnierde Dr. Reschge führde aus, dass viele Gindorr aus dorr Nachbarschafd gämen, wohingeechn de eichnen in dorr Ausbildung seien odorr an äm andorren Ord wohnen dähdn.
Für än Herrn in Nadelschdreifn schdellde de Beseidchung des Schbielbladzes änne Werderhöhung dorr Anlahche dar. Mussde das nich de ledzden Zweifler überzeuchn?
Gleen bliggde schdarr off sein Nodizblogg un gridzelde immer größer währnde Greise droff. Das schdärger währnde Unbehahchn drieb sein Buls in de Höhe. Blödzlich zuggde er zusamm. Sei Name war gefalln. Dorr Forrwalder lobde ihn als dichdchen un handwerglich geschiggden Hausmeesder.
„Herr Gleen, Se gönnen doch sicher den Abbau dorr Schbielgeräde bewergschdellchn?“
Alle Bligge richdeden sich jäh off ihn. Er mussde sein Hemdgragen offschberrn. Hädde er sich doch grangg gemelded. Gleen drehde sein Nodizblogg um, niemand sollde de günschdlerichn Gringl sehn. Fesd nahm er den Guli in beede Hände: „Gä Broblem. De Befeschungn sin schnell abgesächd. De Fundamende müssn nich endfernd währn. Ä bissl Erde offgeschüdded, schon wächsd im nächsden Jahr Rasen drübber.“
Geen Broblem? Gaum zusädzliche Gosden? De Gabidalanleecher hördn das beschdimmd gerne.
Dorr Handwercher gradzde sich fiddsch midm Finger an dorr Schläfe: „Ich gebe zu bedengn, dass zweenzwanzch Gindorr in dorr gesamden Anlahche wohnen. Viele Familschen sinn in de Miedwohnungn gezoochn, weil ä Schbielbladz vorhandn is.“
„Dässdorrwächn ziehd geener so schnell aus“, wandde dorr Nadelschdreifen ein.
Gleen überlehchde. Nur niemanden diregd offn Schlibbs drehdn: „Ich bedohne, es gibd zweenzwanzch Gindorr in dorr Anlahche. Diese Jungen un Mädchen hamm ä Rechd offn Schbielbladz.“
Er hohlde dief Lufd. Sei Brusdgorb schien de Gnobbleisde seines Hemds zu schbrengen: „So viel Lärm machn de Gleenen

ooch nich. Se gomm zwischen 13.00 un 14.00 Uhr aus dorr Schule. Viele von den Bewohnern sinn um diese Zeid noch off Arbeed. Die, de nich mehr arbeedn müssn, sinn underweechs zu än Arzddermin, zum Friseur odorr fahrn in de Schdadd."
„Se sinn hier nur dorr Hausmeesder", fauchde Frau Heddch bissich von dorr Seide dazwischn.
„Hammse forrgessen, wer Ihr Gehald bezahld?" Dr. Reschge schoss seine Worde wie Gifdfeile geechn ihn ab.
Wieso hadde Gleen annehm gönnen, dass seine ährlische Meinung hier wirglich jemand indressiern dähde? Er sah schon de draurichn Gindorroochen vor sich. Lauder als beabsichdichd fuhrer ford: „Ich forrschdehe nich, dass Gindorr off ämah schdörn solln. De meisden von Ihnen hamm se hier großgezoochn." Gleen schdüdzde seine Fingerschbidzen off dorr Dischbladde ab: „Lengd ä Gindorrlachen nich von Salbn, Billn und Grambfadorrn ab? Dreibn wir de Gindorr nich regelrechd an de Gombjudorr un vor de Flimmergisde, wenn wir Schbielblädze beseidchn? Außerdem, benehm wir uns dänn immer vorbildlich?"
Gleen wandde sich Frau Heddch zu. „Ich findes geschmagglos, wenn einiche Hundebesidzer ihre Fierbeener off unsrer Wiese ihr Geschäfd machn lassn. De Hundehaufen schdingen nich nur beim Rasenmähn zum Himmel. Viel ungezoochner finde ich, wenn Midbewohner nach übermäßchn Algoholgenuss barrduh vor de Hausdiere godzn." Das ging in Richdung Dr. Reschge, den er jeden Middwoch schdarg angedrunggn vom Gehgelahmd nach Hause gudschierde. „Außerdem liechn alle Schlafzimmer dem Schbielbladz abgewandd. Ich gann mir nich vorschdelln, dass de DIN-Norm dorr Fensder nich ä Gindorrlachn schluggd."
Gleen hield än gurzen Oochenbligg inne: „Ohne Gindorr isses doch wie in änner Senjorenanlahche odorr ännem Aldersheim."
„Jäddse gehn Se zu weid, Herr Gleen", underbrach ihn dorr Forrwalder.

„Ich weeß, ich bin hier nur dorr Hausmeesder. Gerade guhd genuch, mein Arm in forrschdobbde Glohbeggen zu schdeggn." Beinliche Schdille. Gleen schdeggde sein Guli in de Seidendasche seines Schaggedds un glabbde das Nodizbuch zu. Für än Momend überlehchde er, ob er gehn sollde. Nee! Er blieb. Gleen beschloss, jedem in de Oochen zu bliggn, der für de Beseidchung des Schbielbladzes schdimmen dähde.
In diesen Segunden bedredner Schdille erhob de junge Frau Menzel ihre Schdimme: „Also ich möchde, dass dorr Schbielbladz bleibd!" Alle Bligge waren off se gerichded. Doch se ließ sich nich beirrn: „Es is fillei nich alln begannd, dass de Schdaddforrwaldung än Weddbewerb ausgeschriehm hadd."
Einiche dorr Herrschafden runzeldn nachdenglich de Schdirn. „De Umfrahche nachm gindorrfreindlichsden Schbielbladz läufd in den Gindorrgärden un Schulen. Ich gann Ihnen forrradn, dass offgrund dorr vieln Zuschrifdn unsere Wohnanlahche schon jäddse offn driddn Bladze liechd. Aworr", de junge Frau lächelde Herrn Gleen an, „das is nich nur unserm scheenen Schbielbladz zu forrdanggn." Se machde änne gleene Bause un guggde in frahchende Gesichder. „Viele Gindorr nennen unsern Hausmeesder den guhden Schbielbladzgeisd. Se hamm lusdsche Zeichnungn von ihm angeferdschd." Gleen lehnde sich mid lächelndorr Miene zurügg.
De Mideigendümerin fuhr ford: „Fürn Siecher is ä Breisgeld in Höhe von 5000,00 € ausgeschriem. Wer weeß, fillei gewinnen wir den Weddbewerb? Wir gänndn von dem Geld nich nur de Gledderällemände schdreichn, sondorrn änne griene Lärmschudzwand aus hochwachsendn Schdräuchern anflanzn."
Dorr Forrwalder ergriff das Word un forrsuchde allen zu forrdeudlichn, dass de Wohnanlahche ännen gindorrfeindlichn Ruf begomm gännde. Ämah abgeschdembeld, ließen sich de Wohnungn bei Bedarf schlechder forrmiedn. Finanzielle Ausfälle sei-

en dann vorbrogrammierd. Das Vorhabn gönne ja zwee, drei Jahre forrschobn währn.
Endlich wurde abgeschdimmd. De Mehrheid endschied sich fürn Schbielbladz.
Guhd, dass ich da war. Das hädde aworr schief gehn gönn, dachde Gleen. Nach Beendchung dorr Forrsammlung ging er off Frau Menzel zu. Er bedangde sich für ihre Underschdüdzung. „Ihre Genndnis um den ausgeschriemnen Weddbewerb hadd den Gindorrn den Schbielbladz geredded."
Frau Menzel ging mid Gleen zwee Schridde beiseide. Se bliggde nach lings un rechds, um sich zu forrgewissern, dass niemand se hörde: „Herr Gleen, den Weddbewerb gönnen wir nich gewinnen."
„Wieso?"
„Es is noch nich forröffendlichd, aworr dorr Siecher wurde schon vor zwee Dahchen ermiddeld. Unsere Wohnanlahche hadd den dridden Bladz beleechd. Immerhin gibds noch 1000 Euro."
„Oh, aworr wieso hammse sich so eingesedzd?"
Frau Menzel lächelde forrschmidzd: „Ich mussde an de Zugunfd denggen." Ihre Hand schdreichelde liebevoll ihren noch ganz flachen Bauch.

Ethel Scheffler

Gelb von S bis XL

Neulich an dorr Haldeschdelle dorr Bimmel. Während ich off de Elfe nach Gohlis wardede, gahm zwee Frauen nähm mir ins Geschbräch. De eene war gleen un bummlich un edwa fuffzch Jahre ald, de andorre groß un dürr un mid Falden im Gesichde, die off ä Lähm jenseids dorr Sibbzch schließen ließn.
„Se warn wohl in dorr Schdadd?", frahchde de Äldere.

„Im Goofhaus.“ De Jüngere zubbde an dorr Blassdedühde in ihrer Hand. „Es gab Bulloworr.“
„Ja, ja. Heudzudahche brauchd morr nich mehr rumzusebbln, um was zum Anziehn zu findn. Gibd ja alles im Überfluss.“
De Äldere schdeggde ihre Nase in de Dühde, um gurz droff fesdzuschdelln. „Gelb. Is nich so meine Farbe, aworr jedem das seine. Und Se gönn es ja drahchen.“
„Nich wahr?“ Das Bummelchen lächelde gligglich. „Gelb machd guhde Laune. Wissen Se, ich hadde Ärcher mid meim Chef. *Frau Göhler, schnell zum Digdahd. Frau Göhler, wo bleim Se dänn? Dorr Gaffee is gald.* Frau Göhler hier, Frau Göhler da. Den ganzen Dahch gehd das so. Ich bin Segredärin, eene vom alden Schlahch. Ich weeß, wie morr än Chef zufriedenschdelld, aworr mä jedzscher … ich sahche Ihnen, der is under aller Sau. Un nich mal guhdaussehend, sondorrn miggrich mid Gladze un abschdehendn Ohrn. Heude warer besondorrs fies zu mir.“
Wie zur Begräfdschung ließ Frau Göhler ännen Nießer folchn. Mid änner energchen Handbewechung züggde se ä Daschenduch un budzde de Nase.
„Se schein ergälded zu sein, meine Liebe. Übrichns, ich bin Mardha Ringel, un ich weeß nur zu guhd, wovon Se schbrechn. Ooch ich habbe im Vorzimmer ännes Chefs gehoggd. Früher, jäddse bin ich ja in Rende.“
„Sie hamms guhd. Wer weeß, ob ich das überhaubd erlebe. Das Rendenalder, meen ich.“
„Wenn Se sich nich ausguriern, is das wirglich frachlich. Fiellei hammse änne Angina?“
De Göhler nießde erneud. „Jedenfalls fühle ich mich, als hädde ich än Mühlschdein umdn Hals. Also habbch zu mein Chef gesaachd, dass ich in de Schdadd muss. Mir was geechn de Halsschmerzn holn. Duhd nämlich forrdimmich weh, mei Hals. Un de Nase drobbd ooch. Also ewas geechn Halsschmerzen un Nasendrobbn. Dabledden fiellei odorr änne Salbe, habbch zu

ihm gesaachd. Aworr dann bin ich im Goofhaus über de Bulloworr geschdolberd. De Regale mid den Dingern schdehn ja förmlich im Weeche. Morr gann gar nich andorrs, als da hängzubleim. Un so ä Bulloworr is wirglich ewas Guhdes. Viel besser als irgend so ä Gesundheidsgram aus dorr Abodheeche."
Ä Husden ließ den Görber dorr Göhlern bähm un underbrach ihrn Redefluss.
„Wissn Se, mei Herberd, Godd habn seelich, hadde ooch mal Brobleme midn Ademweechn. Husden, Schnubben wie Sie. Dann wurde ä Herzinfargd draus, un nu isser dohd. Schon siem Jahre", sahchde de Ringel.
„Herzinfargd?" De Göhler drüggde de Goofhausdühde mid dem gelbn Bulli fesde an ihrn Görber. „Meinen Se wirglich?"
„Nadierlich. Dadorrmidd is nich zu schbahßn. Heudzudahche gann morr ja weechn allem un nischd än Infargd griechn. Algohol, Niggodin, zu viel Schdress odorr zu wenich, zu dünne odorr zu digge." De Ringel dagsierde den übbichn Leib ihrer Geschbrächsbardnerin. „Zu gnabbe Gleidung is ooch gefährlich. Schnürd de Lufd ab. Dorr Hosenbund zum Beischbiel. Odorr dorr BH. Wenn der off de Bumbe drüggd, wird's enge."
„Dorr BH?"
„Na sicher. Frieher warn de Dinger guhd gemeend, damals, als se de Gorsedds ablösn solldn. Eechndlich änne säggsche Idee. Änne Masseuse aus Dresdn hadd um de Jahrhundorrdwende das Badennd dadorrfohr angemelded. Weil de Damen mid den Gerüsdn aus Schdahlfedorrn und Walfischn Brobleme haddn. Schnabbadmung, Organquedschungn, Fehlgeburdn, Ohnmachdn un Übelgeid."
De Göhler schlug de Hand vor de Gusche. „Übel is mir ooch ofd in ledzder Zeid. Un wenn ich es mir rechd überleeche – ich bin froh, wenn ich daheeme de gneifendn Glamoddn durch meine Giddelschärrze ersedzen gann. Fiellei liechds ja doch am BH, dass ich mich so schlabb fühle?"

„Odorr Se hamm änne Gribbe.“ De Ringel runzelde de Schdirn. „Ooch änne Gribbe gann dödlich endn.“
„Jädds machen Se mal än Bungd.“ De Göhler drahd zwee Schridde zurügg. Ihr Bligg fiel off mich, un schon niggde se mir zu. „Hammse das gehörd? Gribbe soll ich hamm. So ä Bleedsinn.“
„Se sollden sich undersuchn lassn“, wandde ich zachhafd ein.
„Nischd da, meine Liebe. Arzdbraggsen machn mich debressief. Wenn ich schlechde Laune griechn will, brobiere ich mit meiner Fiernfärzch Hosen in Gleidorrgröße sechndreißch an. Manchma hadd morr ja Gligg. Bei dem Bulli gab es änne Einheidsgröße. Schdredch. Das weided sich.“
De Göhler ließ mich ihrn Bulli bedadschn, dann lehchde se de Eingoofsdühde off de Sidzbangg des Wardehäuschens un blumbsde danähm.
„De Größen sind ooch nich mehr das, was se früher warn“, warf de Ringel ein. „Überhaubd wird das Gewichd überbewerded. Flach wie ä Bredd odorr gugelrund is völlich egal. Gesund muss morr sein.“
„Na ja, ä wenich dünner wäre mir schon lieb“, gab de Göhler zu. „Dann wäre mei Chef fiellei nedder zu mir.“
„Männern därfn Se nich draun. Denen gann morrs nie rechd machn.“
Änne Fesdschdellung, die ich mid dorr alden Dame nur zu gerne deilde.
De Bimmel Linie Sieme näherde sich un underband weidere Überlechungn, dänn de beeden Frauen schdiegn ein.
Als sich de Dieren schlossn, bemergde ich, dass de Göhler ihre Dühde forrgessn hadde. Ich schbrang zum Fensder, doch de beeden Damen waren so in ihre Underhaldung forrdiefd, dass se mich un mei Winggen nich bemergdn. Dann fuhr de Bahn los, un ich blieb mid dorr Dühde in dorr Hand zurügg. Also nahm ich se mid heeme.

Endgeechn seiner Gewohnheid begrüßde mich mei Mann Heinz nich mid än Gnuhdschorr. Schdadddessen wollder wissn, warum im Gühlschrangg Leere gähnde. „Alles muss morr alleene machn“, schimbde er.

Ich hield ihm den gelben Bulloworr under de Nase. „Für dich, mei Schadz.“

„Bin ich ä Ganarienvoochl?“

„Ziehn doch erschd ämah an.“

Heinz schdreifde sich den Bulli über un drehde sich vorm Schbieschl.

Ich war überraschd. De Farbe schdand ihm ausgeschbrochen guhd.

Heinz schien das ähnlich zu sehn, dänn off seim Gesichd breidede sich ä Lächeln aus. „Glassedeil. Gelb wies Wabben meiner Heimadschdadd.“

Mei Mann schdammde aus Gemnidz.

Oochenzwinggernd sedzde ich hinzu: „Wies Wabben dorr Schdadd, in der wir lähm.“

Dänn ooch im Leibzcherr Wabben fand morr de Farbe Gelb, wie überhaubd bei vielen andorrn säggschen Schdädden. Als hädde morr de Farbe bassend zum sonnichn säggschen Gemüd gewähld.

Sylke Tannhäuser

Nie widdorr in de Forrgangenheid

„Isses nich scheen hier?“ Glara lehnde sich im Gorbschduhl zurügg. Se schloss für än Oochenbligg de Guggeln.

„Ja, herrlich“, flichdede Heige ihrer Freindin bei. „Wie das Wasser widdorr in dorr Sonne glidzerd un dazu dorr wolgenlose Himmel. Was willsde mehr?“

„Ich hoffe, de Gellnerin bringd bald mei Schdügge Erdbeerdorde!“, schdellde Glara droggen fesd.

„Gommd schon noch“, beruhichde Heige ihre Freindin.

Immer wenn Glara se besuchde, gingen se am Gosbuhdner See zum Gaffeedringgen.

„Is doch scheen, den Gossi fasd vor dorr Hausdiere zu hamm. Da brauchsde gar nich weid wegzufahrn.“ Dorr See zählde zu den beliebdesdn in Deudschland. Glara gahm aus Grimma un wohnde off än renovierden Dreiseidenhof.

„Naja, ab und zu in den Oorloob fahrn, das muss schon sein.“ Endlich brachde de Gellnerin den beschdelldn Gaffee un die zwee Schdügge Erdbeerdorde mid änner exdra Bordsion Schlahchsahne.

„Ich war jäddse mal zum Winderschbord in Idahljen“, erzählde Heige un forrrührde was von dorr Schlahchsahne im Gaffee.

„In Idahljen? Die hamm Berge? Ich dengge da immer ans Middelmeer.“

„Siehsde, Oorloob bilded ooch.“ Heige mussde lächeln. „Val de Fassa hieß dorr Ord. Wir hamm in ännem 3-Schderne-Hoddell gewohnd.“

„Nobel, nobel“, zollde Glara Anergennung.
Heige sedzde ihre Gaffeedasse ab. Ä gleener weißer Sahnerand säumde ihre Oberlibbe, den se abschleggde. „Naja, wie morrs nimmd. Von mir hädde das Hoddell geene drei Schderne begomm.“
„Warum?“
„Weil de Zimmerausschdaddung beschdimmd hundorrd Jahre offn Buggel hadde. So schlimm wars zu FDGB-Zeiden nich.“ Heige biggde ä Schdüggchen Erdbeerdorde off de Guchengabl.
„Das gibds doch nich.“ Glara schüddelde den Gobb.
„Ja, doch. De Schrängge warn von innen dabezierd, aworr dodal forrschimmeld. Da gonndesde nischd neihängn. De hölzernen Nachdischschrängge hadden jede Menge Schbalden un Risse, noddürfdch mid Bagehdglebeband abgedeggd. Den Zimmerschlüssel mussdede gefühlde hundorrdmal im Schloss drehn, bis dorr Bard griff un ich endlich zuschließn gonnde. Am Fensder hing änne alde, zergnidderde Gardine. Un im Bad gonnde morr nur ahnen, dass dorr Wasserhahn ämah forrgrohmd war.“
Heige hadde sich ewas in Rahsche gereded. Zur Beruhichung schob se sich ä weideres Schdüggchen Guchen in den Mund. Gauend bliggde se offs Wasser. Zwee Schdehbaddler bemühden sich, das Gleichgewichd zu haldn.
„Weeßde, wenn de Aussichd un das Schifahrn nich so scheen gewesn wärn, wäre ich am liebsden widdorr heem gefahrn.“
„Sahch ich doch, am scheensden isses zu Hause.“ Garla drangg ihren Gaffee aus un sedzde de Dasse ab.
Heige niggde. „Nich nur das, Garla. Mir wurde widdorr ämah bewussd, wie scheen wirs doch jäddse hamm, im Gegensadz zu frieher, wo de Geechend grau in grau war. Ganz abgesehn davon, dass wir jäddse in de ganze Weld reisn gönn.“

„Da hasde ooch widdorr Rechd. Morr forrgissd das viel zu schnell. Lass uns droff anschdohsn!“ Garla wingde nach dorr Gellnerin. „Zwee Gläser Rodgäbbchen, bidde.“
Dorr Seggd ausm Nachbarlande wurde ooch in Saggsen gerne gebicheld. Hiesiche Feinschmegger wissen Qualidäd ähm zu schädzn, egal, woher se schdammd.

Ethel Scheffler

Suche, biede, dausche

„Dorr Globber muss raus.“ Arno schob gämferich sei Ginn nach vorne.
„Dorr Schrangg is von meiner Mudder, ä werdvolles Schdügg“, wandde Rida ein.
„Werdvoll? Blundorr is das, sonsd nischd. Eiche rusdigal, so ewas Aldmodsches bassd nich zu uns.“
„Willsden edwa wegfaggn? Nur über meine Leiche.“ Rida baude sich vor dorr Eichengommode off, als wolle se das guhde Schdügg dadsächlich mid ihrm Lähm schüdzn.
„Fiellei had das Sozialamd Indresse dran. Odorr das Deudsche Rohde Greuz. De nehm doch Schbenden für bedürfdsche Leude.“
Rida schlug im Delefonbuch de Nummer des De-Er-Ga nach, un Arno wählde. Nach dreimalichm Bimmeln meldede sich am andorrn Ende de audomadsche Ansage: *Für Fragen zur Mitgliedschaft nennen Sie bitte die Eins. Für Spenden die Zwei. Für sonstige Anliegen die Drei.*
„Zwee“, warf Arno ein.
Ich habe Sie nicht verstanden. Für Fragen zur Mitgliedschaft nennen Sie bitte die Eins. Für Spenden die Zwei …
„Zwee.“

Ich habe Sie nicht verstanden.

„Zwee, zwee, zwee."

Ich habe ...

„Bleedes Ding." Arno gnallde den Hährorr off de Halderung.

Rida hadde dorrweile im Delefonbuch weidergeblädderd un än Drödler gefundn, der gebrauchde Möbel angoofde. „Forrsuchs ma bei dem." Diesmal hadde Arno mehr Gligg. Geene Schdunde schbähder fuhr dorr Drödler vor. Schnell wurdense sich einich, un de Gommode wechselde für zehn Euro den Besidzer.

Ä baar Wochen droff suchde Arno seine Uhr. Normalerweise druhch er se gaum, sondorrn nudzde de Zeidanzeige senes Hendies. Heude jedoch wollde er sich mid sein Freinden dreffn un se beeindruggn. De Armbanduhr war änne Sondorreddischn mid än Originalsandschdeinchen von dorr Dresdner Frauengirche. Dorr Goof hadde zum Widdorroffbau dorr Girche beigedrahchn, un Arno war mächdich schdolz droff, än eichnen Andeil dran zu hamm. Er war nich goddesfürchdich, un in de Girche ging er höchsdens an Heilichahmd zum Gribbenschbiel. Weechn dorr Weihnachdsschdimmung, wie er gerne bedohnde, un weil es ä Ridual aus dorr DDR-Zeid war. Seine Ard, damals ä bissel geechn de Regierung offzumuggn. Dorr göddliche Glaube lahch ihm nämlich fern, fiellei das Erbe seiner Vorfahrn, dänn de Saggsen sinn geene besondorrs schbiriduelln Leude. Hier gloobd morr eher an sich selbsd. Ä Volg von Wissenschafdlern, Erfindorrn un Baugünsdlern.

„Hasde änne Ahnung, wo meine Uhr is?", wollde Arno von Rida wissn.

„Dorrd, wo se immer liechd. Im Geheimfach in dorr Gommode."

Arno schdoggde. Den Globber haddense forrscherbeld, aworr nich dran gedachd, zuvor de Schublade zu leern. „Schnell, de Delefonnummer des Drödlers", rief er Rida zu. Fiellei war dorr Schrangg noch in dessen Besidz.

Doch Arno hadde Bech. De Gommode hadde bereids änne Liebhaworrin gefundn. De reizende Frau Lebering, änne langjährsche Gundin, derren Adresse dorr Händler erschd nach längrem Schdräuben rausrüggde.

Glei am nächsden Dahch machde sich Arno zu ihr offn Weech, er gahm zu schbäd. Frau Lebering war in dorr Zwischenzeid in ä Seniorenheim gezoochn, de Möbel hadde se dem De-Er-Ga forrmachd.

„So schnell findense beschdimmd Geenen, der de Gommode will", machde Rida ihm Muhd. „Frahchn gosded nischd."

Arno griff zum Delefon.

Für Fragen zur Mitgliedschaft nennen Sie bitte die Eins …

„Zwee."

Ich habe Sie nicht verstanden.

„De Zwee", brüllde Arno. „Ä bisschen flodd, wenn ich biddn darf."

Ich habe Sie nicht …

„Forrdimmich." Arno beschloss, sich änne neue Uhr zu goofn. Am Wochenende war Elbeflohmargd, un wie jedes Mal dähde ooch er mid Rida am Arm endlang dorr Schdände schlendorrn un nach mehr odorr wencher nüdzlichen Gelumbe Ausschau haldn. Fiellei enddeggde er dabei änne Daschenuhr, dadorroff warer schon lange scharf.

Das Wochenende gahm, un se fuhrn zum Margdgelände an dorr Alberdbrügge naus. De Sonne schien, Rida war guhd gelaund, un ooch Arno druhch in Erwardung dorr üblichn Bradwurschd ä Lächeln im Gesichde. Zielschdrebsch schdeuerde er den Grillschdand an, da wurde er von Rida beiseide gezoochn.

„Gugge ma, dorrde."

Sei Bligg folgde ihrm ausgeschdreggdn Zeichefinger zu ännem Schrangg. Lichdumfluded schdand er inmidden weiderer Ungedüme, massief, Eiche rusdigal.

„Unsere Gommode“, hauchde Arno. Dann besanner sich un rannde offn Händler zu. „Dorr Schrangg dorrd drüben – was soller gosden?“

„Fuffzch Euro, guhder Mann, ä Schnäbbchen. Das is noch echde Werdarbeed.“

„Ich gebe Ihnen dreißch.“

„Fuffzch, un geenen Send wencher.“

So sehr Arno ooch feilschde, er gonnde den Händler nich umschdimmen. Zähnegnirschend zahlde er den forrlangden Breis un zerrde den Globber mid Ridas Hilfe ä baar Meder weider zu än freien Blädzchen. Ä Handgriff, un das Geheimfach schbrang off. Gurz droff lahch de Uhr um Arnos Handgelengg.

„Was machn wir jäddse mid dem Schrangg?“, frahchde Rida.

Arno guggde zu dem Händler nüber. Dorr Mann schien ihn beobachded zu hamm, dänn er niggde ihm zu. Für zehn Euro wandorrde dorr Globber an den Forrgoofsschdand zurügg.

„Mid Ihnen lassn sich Geschäfde machn, guhder Mann.“ Dorr Händler rieb sich de Hände. „Falls Se noch mehr Möbel dieser Ard hamm, goofe ich se gern. Ich bin immer off dorr Suche danach un biede guhde Breise.“

„Odorr dausche große gegen gleene Scheine“, erwidorrde Arno un grinsde vergramfft.

Rida zog ihn zum Bradwurschdschdand. „Jäddse hamm wir uns änne Schdärgung forrdiend.“

Arno niggde. Alles in allem war es ä großardcher Dahch. Er war den Globber widdorr los, hadde dorrrfohr seine Uhr zurügg un gonnde den Gumbels endlich zeichn, wasser für de Frauengirche gedan hadde. Ooch, wenn er sonsd nich viel von Girchen hield. Außer an Heiligahmd, fiellei. Aworr das is änne andorre Geschichde.

Sylke Tannhäuser

Ä Saggse meisderd jede Siduadsion

„Willsde noch än Gaffee?“ Laura hadde nich bemergd, dass ihr Mann im Rollschduhl nähm ihr eingedusld war. Behudsam nahm se ihm de rundergerudschde Brille ab. „Ach, Mardin“, seufzde se leise, un Dränen schdiechn in ihr off, als se in sein von Sorchn un Schmerzen gezeichnedes Gesichd sah, off dem im Schlaf ä leichdes Lächeln zu liechn schien. Immer öfder forrsangg er in änner andorren Weld un gehrde nur für gurze Zeid zu ihr zurügg. Doch in diesen lichden Minuden war Laura gligglich. Zum Beischbiel, wenn se de herrliche Aussichd genossn, die ihr großer Ballgong bohd, un sich bei den Händen hielden, wie ä widdorrgefundenes Liebesbaar. Diese Gliggsmomende wurden jedoch seldener. Immer länger hield de Alzheimergranggheid Mardin gefangn. Seid ihr Hausarzd Dr. Göschder ihrem Mardin ooch noch jede Anschdrengung offgrund des schwachen Herzens forrbohdn hadde, schbielde sich das halbe Lähm off dorr Ballgongforranda ihres Häuschens ab.

De Blädder lehchdn allmählich ihr bundes Gleid an. De Ahmde wurdn merglich gühler. Es glingelde. Das mussde Dr. Göschder sein. Hausbesuch.

„Scheen, dass Se gomm gonnden“, begrüßde se ihn am Gardendor un führde ihn in de Güche.

„Wie gehds Ihrem Mann?“, frahchde dorr Arzd, während er de Badsiendenagde ausbaggde un sich an den Holzdisch sedzde. Unbeholfen glemmde Laura ihre in de Schdirn gefallne schwarze Haarschdrähne hinders Ohr un bliggde off den Fliesenboden. „Eechndlich müssde ich frahchn: Wie gehd es Ihnen? Se gefalln

mir gar nich. Wenn Se so weidermachn, glabbn Se noch zusamm. Änne Fleechegrafd gännde Ihnen vieles abnehmn. Was haldn Se davon?“ Dr. Göschder sah se an.
Laura budzde sich de Nase. Se wussde, er hadde Rechd. „Ich überleechs mir“, sahchde se, während se zusah, wie Dr. Göschder das Rezebd für Mardins Dabledden ausschrieb.
„Sahchn Se, isses wirglich so, dass mich mei Mann überhaubd nich mehr ergennd?“
„Es duhd mir leid für Sie. Im ledzden Schdadium dorr Granggheid is das so.“
Laura richdede sich off un schdeggde ihr Daschenduch ein. „Das is ja, wie läbändch begrabn zu sein.“ Ihre Schdimme war mergwürdich ruhich.
Während dorr Arzd den schweichenden Mardin undersuchde, deilde er Laura mid, dasser nur noch än Monad hier arbeeden dähde. „Dann wandorre ich mid meiner Familsche nach Neuseeland aus. Ich freue mich schon off ännen geregelden Diensd, wenicher Schdress un guhde Bezahlung in än Granggenhaus.“ Zum Abschied schdreggde er Laura, de noch immer dabei war, de Informadsion zu forrdauen, de Hand endgeechn. „Überleechn Se sich mein Vorschlahch weechn dorr Fleechehilfe. Denggen Se ooch mal an sich!“
Laura forrsbrach es mid äm gleenen Lächeln.

Margred un Gerda guggdn zu Lauras Haus roff, bevor se rechds abboochn un durchn Barg gingn.
„Du, ich habbe den Mardin lange nich gesehn.“ Margred schraubde ihrn dünnen faldichen Hals ausm Blusengrahchen, als gännde se so in den Ballgong illern.
„Jäddse, wo dus sachsd, fällds mir ooch off. De Laura hadds nich leichd.“ Gerdas Brillengläser, digge wie Flaschnböden, glänzdn in dorr Sonne. Endlich warnse an dorr Barggasdschdädde an-

gelangd. Se nahmen am Fensder Bladz. Dorr beschdriggende Ausbligg off de Weinberche un de Elbe loggde viele Ausflüchler hierher.
Blödzlich riss Margred de Arme hoch un wedelde offgereechd mid den Händen. „Hier sidzen wir! Hier!“
„Wer gommd dänn jäddse?“, frahchde Gerda.
„Es is Sylvia“, rief Margred erfreud.
Sylvia Haas war de Chefin des gleen Lähmsmiddelgeschäfds im Ord. Über diesen Laden forrbreideden sich Neuiggeiden schneller, als de Zeidung se druggn gonnde.
„Du mussd nich so plärrn“, embörde sich Gerda. „Ich sehe nur schlechd.“
Sylvia, änne addragdiefe Middfärzscherin sedzde sich zu den beeden bedahchden Damen, die zu ihrn dreuesden Gundinnen zähldn. Se warn, was den neuesden Dradsch bedraf, immer offm Loofenden.
„Ab nächsden Monad gönnen Se bei mir ooch Briefmargen begomm un Bagehde offgähm“, sahchde de Geschäfdsfrau un lächelde.
„Scheen, dass wir widdorr änne Bosd hier hamm“, bemergde Gerda.
„Das heißd jäddse Bosd-Schobb.“ Sylvia hield nach dorr Gellnerin Ausschau.
Gerda runzelde de Schdirn. Briefe, Margen un Bagehde, das war für se änne Bosd. Aworr heudzudahche war ähm alles andorrs.
Als Sylvia Gaffee un Abbelguchen schbendierde, glänzden de Oochen dorr Rendnerinnen. Nie dähden se woandorrs eingoofn als bei ihr.
„Mardin habbch lange nich gesehn“, brachde Margred das Geschbräch off den granggen Nachbarn zurügg, während se de ledzden Guchengrümel vom Deller gradzde.

„Wie lange dänn nich?“, hahgde Sylvia nach.
„Ich weeßes nich. Forrmudlich habbch ooch schon Alzheimer.“ Margred guggde draurich, doch ihr Bligg gald eher dem geleerden Guchendeller, als dem Granggen.
„Ich werde Laura eefach frahchn, wie es Mardin gehd, wenn se das nächsde Mal bei mir im Laden eingoofd“, sahchde Sylvia.

Dahche schbähder wachde Laura früher off als sonsd. Noch schlafdrunggen fuhr se in de Bandoffeln un schlübfde in den diggen Froddeebademandel. Se drahd offn Ballgong, dänn se liebde mohrchns als erschdes diese frische Lufd. De bunden Blädder lahchen wie zerdanzde Balleddbammbuhschn am Boden. Es war das erschde Mal seid Wochen, dass se sich nich madd un zerschlahchen fühlde.
Beim Bligg über de Elbe dachde Laura daran, wie se sich off den erschden Bligg in Mardin forrliebd hadde, während er bei ihrer Begegnung von seim Anwesen off diesem Hüchl inmidden gleener Weinfeldorr vorgeschwärmd hadde. Laura holde dief Lufd. Nee, se wollde sich von ihm nich drennen. Solange es ging, dähde se ihn behaldn. Als erschdes nahm se sich jedoch vor, nich im Ord zum Friseur zu gehn un nich mehr bei Sylvia einzugoofn. Gerade die nervde immer mid ihrn eewichn Frahchn nach Mardin. Bei ihrem ledzden Eingoof im Laden hadde se erzähld, dass se Mardin ins schdäddsche Fleecheheim gähm dähde. Ab Februar dähde widdorr ä Bladz frei sein. „Ich schaffe das alles nich mehr alleene“, hadde Laura mid gesenggden Bligg erzähld. Mid dieser Angündchung hadde se widdorr zwee guhde Monade gewonnen.
So forrging dorr Januar. Anfang Februar forrschwand ooch dorr ledzde Schwibboochn von den Fensderbreddern. Es war Winder. An äm schbähden Nachmiddahch, es war schon dämmrich, hadde Laura än gleenen Schbaziergang gemachd. Als se um

de Egge in de Schdrahse zu ihrem Haus biechn wollde, forrnahm se Schdimmen. Se blieb schdehen un drüggde sich an de Hauswand änner Döbberei. Laura ergannde Margred an dorr Schdimme. Se schbrach laud mid Gerda, obwohl diese nich daub war. Beide schienen ännen Momend zu forrbuhsdn, so dass Laura alles hörn gonnde.

„Un ich bleibe dabei, da schdimmd ewas nich. Das Fleecheheim is schon lange ferdsch mid dorr Renowierung. Un ä Mardin Gessler wohnd dorrd nich. Ich rufe mohrchn de Bolizei an." Margreds Schdimme glang endschlossen.

„Ach was. Nur weil du Mardin ä halbes Jahr nich gesehn hasd, dängsde sonsdewas. Wie beinlich, wenn sich alles als harmlos herausschdelld. Fiellei willse ihn ja erschd für den Fleechebladz anmeldn?"

„Das is mir egal. Immer widdorr siehd morr im Fernsehn, das Gindorr von nähman forrhungern odorr alde Leude wochenlang dohd in ihrn Wohnungen liechn, un geener will ewas gemergd hamm. Mei Endschluss schdehd fesd. Mohrchn!"

Laura eilde nach Hause. Jäddse mussde schnellsdens änne Lösung her. Se hadde forrdrängd, dass dieser Oochenbligg gomm dähde.

Mid globbendn Herzen gingse in den Geller. Als se de Diere des riesichn Gefrierschrangges öffnede, gauerde Mardin unforrändorrd seidlich in dorr Hoggschdellung. Laura hohlde den Rollschduhl un schdellde ihn so vorn Schrangg, dass se Mardin nur noch offn Schduhl hiefn mussde.

Ihr Buls rasde. Se hadde es sich eefacher vorgeschdelld, als es in Währglichgeed war. Aworr nach langem Zerren un Ziehen gelang es ihr, ihn in de richdsche Bosidsion zu bringn. Dann bugsierde se de herausgenommenen Fächer widdorr in den Gefrierschrangg. Gerade als se den Schrangg schloss, bimmelde es an dorr Diere. Wie zur Salzsäule erschdarrd, horchde se.

Mei Godd, wer sollde das sein? Hadde es sich Margred andorrs überleechd? Schdand gar schon de Bolizei vor dorr Diere?
Laura schnürde es de Gehle zu. Nach angsderfüllden Minuden schlich se nach ohm, gonnde jedoch niemanden erbliggn. Se ging widdorr in den Geller. Mallade sedzde se sich in än Lieche-schduhl nähm Mardin. Es warn ihre ledzden gemeinsamen Schdunden. Endlich brach de Nachd an, die ohne Schneefall forrging.
Am nächsden Mohrchn rief se de Bolizei an. Ihr Mann sei forr-schwundn, erglärde se under Dränen. Leidorr habe se nich bemergd, wie ihr an Alzheimer leidendorr Mann in dorr Nachd offgeschdandn sei. Se habe ä Schlafmiddel genommen, weil se nich einschlafn gonnde.
Dorr Bolizeier beruhichde sie.
Ä Einsadzgommando suchde de Geechnd ab. Am schbähden Nachmiddahch wurde Mardin zwischen den Weinrebn am Hang des Nachbargrundschdüggs gefundn.
Alle nahmen an, dasser in dorr Dunggelheid rumgeirrd war, orien-dierungslos sich über änne gleene Begrenzungsmauer gelehnd hamm mussde un dabei das Gleichgewichd forrlorn hadde. In dorr eisichn Februarnachd müsse er dann erfrorn sein. Morr war sich einich, dasses ä Unfall war.
Laura fühlde sich an diesem Ahmd von änner schweren Lasd befreid. Se goss sich ä Glas Rodwein ein un zündede änne Ger-ze an. Dann holde se de gleene Gassedde hervor, die se im Schubfach offbewahrde. Ihre Hände zidderden, als se das For-mular rausfummelde. Es war dorr Dodenschein.
Mardin war am dreißchden Sebdember des forrgangnen Jahres forrschdorbn. Se dachde damals, er sei im Sessel eingeniggd. Erschd als se zu Bädde gehen wollde, hadde se gemergd, das-ser dohd war. Offgelösd hadde se Dr. Göschder angerufn, doch der wollde nich gomm, weil er schon offm Schbrung ins Ausland

sei. Off ihr Drängen hin, hadde er schließlich doch noch nachgegähm. Laura war froh gewesn, dasser ihr in dieser Siduadsion geenen unbeganndn Golleechn zugemuded hadde. Dass er in dorr Eile den Dodenschein ohne Dadum liechn gelassn hadde, hadde se erschd am nächsden Mohrchn bemergd.
Da saß se nun mid den ganzen Durchschlächn des Dodenscheins in dorr Hand, die eenzeln zu den Behörden hädden geschiggd währn müssn. Langsam dämmerde ihr, dass, wenn se de Formulare nich absendn dähde, Mardin offidsiell ooch nich dohd war. So gonnde se ihn noch änne Weile behaldn. Nur guhd, dass ihr de Idee mid dem Gefrierschrangg im Geller gegomm war.

Laura nahm widdorr ännen gräfdschen Schlugg von dem Rohden. Ihr Bligg fiel off den Galendorr. Vorichn Monad war se fimfnfärzch gewordn. Jäddse hadde se ooch Anschbruch off de große Widwenrende, dänn se hadde gä weidres Eingomm. De ledzden Jahre hadde se sich für Mardin forrausgabd, so gab er ihr nach seim Dohd änne Menge zurügg. Laura hadde das Besde aus dorr Laache gemachd, wie das de meisden Saggsen in schwierichn Siduadsionen duhn. Se bliggde nach oben un lächelde, manchmal war das Lähm ähm doch gerechd.

Ethel Scheffler